重 读
《那片绿绿的
爬山虎》

———————

肖复兴的
12堂写作课

重读
《那片绿绿的爬山虎》

肖复兴的12堂写作课

肖复兴
/
著

长江出版传媒 | 崇文书局

图书在版编目（CIP）数据

重读《那片绿绿的爬山虎》：肖复兴的12堂写作课／肖复兴著．－－武汉：崇文书局，2022.3

（作家走进校园：彩绘版）

ISBN 978-7-5403-6565-3

Ⅰ．①重… Ⅱ．①肖… Ⅲ．①作文课－中小学－教学参考资料 Ⅳ．① G634.343

中国版本图书馆CIP数据核字（2022）第026900号

责任编辑：高　娟
责任校对：董　颖
责任印制：李佳超

重读《那片绿绿的爬山虎》：肖复兴的12堂写作课
Chong Du Na Pian Lülü de Pashanhu: Xiao Fuxing de 12 Tang Xiezuo Ke

出版发行：	长江出版传媒　崇 文 书 局
地　　址：	武汉市雄楚大街268号C座11层
电　　话：	（027）87677133　邮政编码：430070
印　　刷：	湖北新华印务有限公司
开　　本：	700 mm×960 mm　1/16
印　　张：	14.5
字　　数：	140千字
版　　次：	2022年3月第1版
印　　次：	2022年3月第1次印刷
定　　价：	36.00元

（如发现印装质量问题，影响阅读，由本社负责调换）

　　本作品之出版权（含电子版权）、发行权、改编权、翻译权等著作权以及本作品装帧设计的著作权均受我国著作权法及有关国际版权公约保护。任何非经我社许可的仿制、改编、转载、印刷、销售、传播之行为，我社将追究其法律责任。

《作家走进校园》丛书 　总序

　　《作家走进校园》是一套有意思的丛书，面对的是小学高年级的学生，其实，也适合于老师和家长阅读，特别是老师、家长和孩子一起读，乐趣会更多，效果会更好。这一次，崇文书局对这套丛书进行了重新整合，不仅精简篇幅，精心编排，而且增添了彩色插图，全书彩色印刷，图文并茂，赏心悦目，应该会让孩子更加喜欢。

　　这套书收录了金波、赵丽宏、吴然的作品，他们都是我国有名的作家，特别是创作了很多脍炙人口的儿童文学作品，其中很多篇章收录进中小学语文课本，孩子们都很熟悉，读他们的书，会感到很亲切。我的书也忝列其中，并且，遵照编辑之嘱，还要为这套丛书写一则总序，更是倍感荣幸，能够和孩子们有一次亲密接触和交流的机会。

　　在我的理解里，"作家走进校园"，有两种形式：一种是作家直接走进校园，面对面和孩子们交流；一种是作家的作品进校园，孩子们通过作家的作品和作家接触，从中学习到一些东西。显然，后一种形式，应该更普遍，也更适合孩子，因为我国中小学的学校众多，作家不可能走遍所有的校园，和所有的孩子见面。但是，作家的作品，可以更便捷地走进更多的校园。

　　不禁想起我自己的学生时代，那时候，物质和文化都没有现在这样的发达，作家也没有现在这样多，买书和找书更没有现在这样方便。我更多是通过到新华书店买书，或者到学校图书馆借书，读过之后，再通过抄书，来完成和作家接触的。至今想起，这样的"买书—读书—抄书"三部曲，依然觉得对我的成长帮助很大。同时，觉得这样的方式，虽然古旧，却并没有过时，便想推荐给孩子们，不必迷信"作家走进校园"中的前一种形式，一定非要直接和作家面对面地接触，作家不是明星，作家所要讲的东西，其实都尽在书中。

读书，是极个人化的事情，认真地读你心仪作家的书，同时静下心来抄一些他们书中的片段，比热闹的作家见面会，得一个作家的签名本，会更有实效。这时候，你和作家才真正是零距离心碰心的接触和交流。他们要说的话，你都可以听得清清楚楚；他们内心的秘密，你都可以探寻得仔仔细细；他们的写作方法，你也可以学习得明明白白。

我读中学的时候，没有那么多钱买书，但买的可怜的几本书，比如《李白诗选》《杜甫诗选》《陆游诗选》《宋词选》，还有郭风的《叶笛集》，泰戈尔的《泰戈尔文集》的前两卷，尽管经过了半个多世纪的颠簸，依然保存下来。更难得的是，那时候抄书抄的厚厚两本日记本，居然也真实的存在。那些作家，便成了多年友情不变乃至形影不离的真朋友。学生时代读书，镌刻在你生命的年轮里，真的是件美好的事情，是以后日子难以追回的梦境。

这两本笔记本里，其中抄录有应修人的一首小诗，墨迹褪色，记忆依旧清晰并清新。应修人不仅是五四时期的一位作家，还是一位革命烈士，牺牲的时候，只有33岁。这首小诗名字叫作《柳》，一共只有五行：

几来不见，
柳妹妹又换上新装了
——换得更清丽了！
可惜妹妹不像妈妈一样疼我，
妹妹，总不肯把换下的衣给我。

真的还记得当时抄录这首小诗的心情，感到是那样的新奇，心情是那样的兴奋。应修人用孩子的眼光看待春天刚刚回黄转绿的柳树，他把柳树清丽的枝条比作自己的小妹妹，是因为他想起了妈妈，想起妈妈的疼爱。他写得那么的委婉有致，将孩子的感情表达得那么的活泼俏皮，又那么的清新可爱。

当然，抄录的这些文字，有些当时并没有看懂，或者是似懂非懂，或者是不懂装懂。不管怎么说，抄录下来这些文字，对于我就是一种磨炼，就像跳进了水里，不管会游泳还是不会游泳，起码扑腾了一遍，沾惹上一身水花，探试了一番水的深浅。一个孩子，就是在最初的读书中像这样在懵懵懂懂的不懂、似懂非懂中慢慢长大的。

《作家走进校园》这套丛书所选的几位作家，我都非常熟悉，我相信他们，就像相信自己一样。相信孩子读他们的书，不仅会对你们的写作，同时对你们的成长都会有帮助的。好的文字，像透明的蓝天、清澈的湖水、纯净的心灵一样，是不会骗人的。在如今乱花迷眼的图书市场尤其是适合孩子阅读的书籍中，挑选起来是格外需要费心费力的。我只是希望在你们挑选了这套丛书的时候，能够多少注意我讲述我的学生时代读书的一点粗浅体会，提供给大家参考。如今买书，已经不再如我学生时代那样困难了，但买到了书，如何读，如何才能真正从中汲取营养，才是更重要的。我所强调的"买书—读书—抄书"这三部曲，其中抄书，哪怕只是抄上那么一点儿，也是很有益的，因为这是一项很重要的读书习惯和本事。如果你买到了这套书的几本或一本，希望你也能这样试一试，如此，作家才是真正走进校园，同时也走进你的心里，伴随你度过美好的少年时期。

肖复兴

2021年10月14日重阳节于北京

重读《那片绿绿的爬山虎》

肖复兴的12堂写作课

目录 CONTENTS

第 1 堂课　写你自己的事

丝瓜的「外遇」　002
上一碗米饭的时间　006
童年的小花狗　010
两毛钱　013
写作提示
找出最能打动自己的点　016

第 2 堂课　写你身边的人

清明忆父　020
窗前的母亲　024
表叔与阿婆　027
花边饺　031
荔枝　034
苦瓜　037
写作提示
写好和人物相关的关键事　040

第 3 堂课　风景不是无情物

天池浪漫曲　044
南疆，一枚金色的书签　047
德天瀑布　051
杜鹃　杜鹃　054
水之经典　057
写作提示
景物的对应与对比　060

第 4 堂课　状物抒情

那片绿绿的爬山虎　064
佛手之香　067
青木瓜之味　070
胡杨树　074
写作提示
状物抒情有机融合　077

目录 CONTENTS

第 5 堂课　一本书怎么读

吴小如和德彪西

冬夜重读史铁生

写作提示　找出真正触动自己的地方

第 6 堂课　一出戏怎么看

寻找贝多芬

重访草莓园

肖邦之夜

写作提示　一出戏怎么看

082　086　091　094　097　100　103

第 7 堂课　文章如何开头

聪明只是一张漂亮的糖纸

年轻时去远方漂泊

拥你入睡

生日的翅膀

写作提示　文章开头的多种做法

第 8 堂课　文章如何结尾

前面遭遇塌方

生命的平衡

孤独的普希金

史可法的扬州

莎士比亚书店

写作提示　好的结尾是千姿百态的

106　109　114　118　123　126　130　132　136　140　144

第 9 堂课　文章如何布局　　　　　148
　喝得很慢的土豆汤　　　　　　　152
　春天去看肖邦　　　　　　　　　156
　写作提示
　文章布局有讲究

第 10 堂课　怎样选择材料　　　　　160
　超重　　　　　　　　　　　　　164
　孤独的雪人　　　　　　　　　　167
　公交车落下的花瓣　　　　　　　171
　阳光的三种用法　　　　　　　　175
　草是怎样一点点绿的　　　　　　178
　北京的门联　　　　　　　　　　182
　萤火虫　　　　　　　　　　　　
　写作提示
　选择材料如同装修房子　　　　　191

第 11 堂课　善于捕捉细节　　　　　198
　街上连狗的目光都变了　　　　　201
　宽容是一种爱　　　　　　　　　205
　写作提示
　锻炼自己发现的眼睛

第 12 堂课　文章如何升华　　　　　208
　鱼鳞瓦　　　　　　　　　　　　211
　城市的雪　　　　　　　　　　　214
　阳光的感觉　　　　　　　　　　218
　写作提示
　让文章的情感迸发出来

重读
《那片绿绿的
爬山虎》
—

肖复兴的12堂
写作课

第 1 堂课

写你自己的事

1

Lesson 1

丝瓜的"外遇"

那天,到菜市场买了几条丝瓜,因为已经买了好多的菜,手里拿着满满的好几个兜子,给小贩交完钱,提着菜兜转身就走了。等到晚上做饭的时候找丝瓜,才想起了放在菜摊上忘记拿了。

几条丝瓜,没几个钱,但第二天到菜市场去买菜时,忽然想到那个菜摊前问问,看看菜贩兴许好心地帮我收起了丝瓜,守株待兔等着我回去取。走到那个菜摊前一问,菜贩摇摇头,一脸无辜的茫然。我向他道了谢,转身走了,这事本来怨我而不怨他,不见得就一定是他将几条丝瓜"迷"了起来,也可能是别人顺手牵羊拿走了丝瓜。买菜的人来人往,菜经他的手各种各样,他哪里顾得过来这几条小小的丝瓜?

也是退休后无所事事,那一刻,脑子里忽然冒出这样一个念头,就在这个每天都喧嚣热闹的菜市场,做个小小的试验。便找了三家菜摊,各买了三条丝瓜,然后,交完钱,都放在了菜摊前那一堆有青有绿有红的蔬菜堆儿里,转身就走了。我想明天再去菜市场,看看这三家菜摊,会有哪家能够看到了

第1堂课　写你自己的事

我忘在菜摊上的丝瓜，替我保存，等着我回去取；或是，哪家都没有了丝瓜，只剩下了如今天看到的那个菜贩的一脸无辜的茫然。小小的丝瓜，会是一张pH试纸，能够试探出人心薄厚和人情暖凉呢。

第二天，我去了这三家菜摊，两家，没有了丝瓜，只有了茫然；一家的菜贩却没等我问话，就从菜摊下面提出了装着那三条丝瓜的塑料兜，笑吟吟地递给我。

应该说，试验的结果，还算不坏，2比1，毕竟没有让人完全失望，九条丝瓜没有全部不翼而飞，留下了三条，锚一样，还沉稳地留在了水底，缆住了小船没有被风浪吹走，不知所终。

不过，有意思的是，这家替我保存住遗忘的丝瓜的菜贩，是我认识的，我常常到他那里买菜，特别是西红柿，我都会到他那里买，因为彼此熟了，他会连问都不用问我，直接从西红柿筐里替我挑最好的给我。有时候，差个几分钱几角钱，他也会抹去了零头，甚至忘记了带钱或者钱不够了，他会让我赊着，明天来买菜时再带给他。

我在想，如果不是我们已经很熟识了，他会为我保存下这三条丝瓜吗？

我又想，以前老北京，几乎每条胡同都会有一家菜摊或菜店，因为都是街里街坊的，无论卖菜的，还是买菜的，每天抬头不见低头见，彼此都熟悉得不能再熟悉了，别说是买了菜忘在菜摊或菜店里了，就是你把别的东西甚至钱包忘在那里了，一般回去都会找得到的，菜摊或菜店里的人都会替你保管好。这原因其实也很简单，因为在一条街上，大家都认识，彼此的信任和信誉，以及常年积累起来的感情，比贪一点儿小便宜要重要得多。所以，那时候，尽管物资匮乏，大家都不富裕，但很少会出现缺斤短两或假冒伪劣之类的欺诈。对比那时农耕时代的商业模式，如今琳琅满目的菜市场，发展了好多，也流失了好多东西。其中流失最多的，就是买卖之间的那种邻里之间的人情味。

我将自己这样的想法，对那位替我保存丝瓜的菜贩说了，他笑笑对我说：人情味，也不是说现在就没了，你们买菜的看得起我们，我们卖菜的自然就会高看你们一眼。这东西，就跟脚上的泡，走得日子多了，自然就长出来了。你说，那几条丝瓜能值几个钱？

他说得有道理，丝瓜不过只是人情味的一种外化，是彼此心情的一次外遇。

上一碗米饭的时间

入冬后北京最冷的那天晚上,我在一家小饭馆里。家里的人都出了远门,没有饭辙儿,要不我是不会在这么冷的天跑出来到这里吃晚饭的。正是饭点儿,小饭馆里顾客盈门,只剩下靠门口的一张桌子空着,虽然只要一开门,冷风就会乘机呼呼而入,别无选择,我只好坐在了那儿。

服务员是位模样儿俊俏的小个子姑娘,拿着个小本子,笑吟吟地站在我的面前,一口外地口音问我:您吃点儿什么?我要了三两茴香馅的饺子和一盆西红柿牛腩锅仔。很快,饺子和锅仔都上了来,热气腾腾的扑面撩人,呼啸寒风便都挡在了窗外了。

埋头吃得热乎乎的,觉得忽然有一股冷风吹来,抬头一看,一位老头已经走到我的桌前,也是别无选择地坐了下来。在我的对面坐下来之后,大概看见我正在望着他,老头冲我笑了笑,那笑有些僵硬,不大自然。也许,是为自己一身油渍麻花的破棉袄感到有些羞涩,和这一饭馆衣着光鲜的红男绿女对应得不大谐调。我看不出他有多大年纪,或许还没有我大,只是胡子拉

第1堂课　写你自己的事

碴的显得有些苍老。我猜想他可能是位农民工，或者刚刚来到北京找活儿的外乡人。

他坐在那里，半天也没见服务员过来，便没话找话的和我搭话，指指饺子，问我饺子怎么卖？我告诉他一两三块钱吧。他立刻应了声：这么贵！这时候，那个小个子姑娘拿着小本子走了过来，走到老头的身边，问道：你吃什么？老头望了望她，多少有点儿犹豫，最后说：我要一碗米饭。姑娘弯下头在小本子上记下来，又抬起头问：还要什么？老头说：就一碗米饭！姑娘有些奇怪：不再要点儿什么菜？老头这回毫不犹豫地说：一碗米饭就够了。然后补充句：要不麻烦你再给我倒碗开水！姑娘不耐烦了，一转身冲我眉毛一挑，撇了撇嘴，风摆柳枝般走了。

过了好长时间，也没见姑娘把一碗米饭端上来，更不要说那一碗开水了。在这样一个势利眼长得比鸡眼还多的社会里，人们的眼睛都容易长到眉毛上面，很多饭馆都会这样，不会把只要一碗米饭的顾客放在心上，更何况是一个衣衫褴褛的老头，在他们眼里几乎是乞丐一样呢。姑娘来回走了几次，大概早忘了这一碗米饭。

我悄悄地望了一眼对面的老头，看得出来，老头有些心急，也有些尴尬，又不知道如何是好，如坐针毡。

我很想把盘子里的饺子让给老头先垫补一下，但把剩下小半盘的饺子给人家吃，总显得不那么礼貌，有些居高临下，就像电影《青春之歌》里的余永泽打发要饭的似的。那锅仔我还没有动，可以先让他喝几口，但一想饭还没吃，先让人家喝汤，恐怕也不合适，而且也容易被老头拒绝。

因此，当姑娘又向这边走来的时候，我远远地冲她招招手，她走了过来，老头看见了她，张着嘴动了动，一定是想问她：我那一碗米饭呢？但如今的小姑娘哪一个好惹？为了避免尴尬，我先把话抢了过来，对她说：姑娘，你给我上碗米饭！话音刚落，怕她同样嫌弃我也只要一碗米饭，便又加了句：再来三两饺子。姑娘在小本子上记了下来，转身走了。我冲着她的背影喊了句：快点儿呀！她头没有回，扬扬手中的小本说道：行哩！

老头望了望姑娘走去的背影，又望了望我，什么话都没有说，似乎是想看看，同样一碗米饭，到底谁的先上来。一下子，让我忽然感觉偌大的饭馆里，仿佛主角只剩下了老头、姑娘和我三个人，三个人彼此的心思颠簸着，纠结着，一时无语，却有着不少潜台词。

我望了望老头，也没有说话。我是想等这一碗米饭和三两饺子上来，一起给老头。谁家都有老人，谁都有老的时候，谁都有饿的时候，谁都有钱紧甚至是一分钱让尿憋死的时候。老头垂下头，不再看我。我埋下头来，吃那小半盘的剩饺子，也不敢再望他，我不知道此刻他在想什么，但生怕我的目光总落在他的身上会让他觉得尴尬。

很快，也就是那小半盘剩饺子快要吃完的工夫，只听姑娘一声喊：您的米饭和饺子来了，便把一碗米饭和三两热腾腾的饺子端在我的桌子上，同时也把老头的那一碗米饭端在桌上。可是，抬头的时候，我和姑娘都发现，对面的老头已经消失在寒风中。

童年的小花狗

小时候,我们家外边的街上,摆着一个小摊儿,卖些画片儿、风车、泥玩具之类的东西,这些东西既便宜又受我们小孩子欢迎。

小摊儿的主人是王大爷,就住在我家大院里。他人很随和,逢人就笑。那时候,小街上的人都不富裕,王大爷赚的钱自然就不多,只能勉强生活。

王大爷手艺好,能做各种各样的泥玩具,涂上不同的颜色,非常漂亮。

那年春节前,我看中了他小摊儿上新做成的一只小花狗。黑白相间的小狗,脖子上系一条红绸子,绸子上挂着个小铃铛,风一吹,铃铛不住地响,小花狗就像活了一样。

我太喜欢这只小花狗了。每次路过小摊儿都反复地看,好像它也在看我,只等我一招呼,就会扑进我的怀里。那一阵子,我满脑子都是这只小花狗,只可惜没有钱把它买下来。

春节一天天近了。小花狗肯定也要过节了,不知会跑到谁家,和哪个幸运的孩子一起过。一想到这些,我心里就难过,好像这只小花狗本来是我的而要被别人抢去一样。在这样的心情下,我干了一件蠢事。

　　那一天,天已经黑了,摊儿前围着不少人。趁着天暗人多,我伸出手,从摊儿上一把抓起小花狗,迅速放进怀里跑了。跑回院里,看看四周没人,掏出怀里的小花狗,我的心还在不停地跳。

　　这件事很快就被爸爸发现了。他让我抱着小花狗给王大爷送回去。跟在爸爸身后,我非常害怕,头都不敢抬起来。

　　王大爷爱怜地看着我,坚持要把小花狗送给我。爸爸坚决不答应,说这样会惯坏了孩子。最后,王大爷只好收回小花狗,嘱咐着爸爸:"千万别打孩子！过年打孩子，孩子一年都会不高兴的！"

过了一年，王大爷要到其他地方去。最后一天收摊儿的时候，我站在一旁，默默地望着他。他看看我，什么话也没有说，收起摊子回家了。那一天，小街上显得冷冷清清的……

第二天，王大爷走时，我去上学，没能见到他。等我放学回到家，一眼看见桌上放着一只小花狗，脖子上系着红绸子，绸子上挂着小铃铛……我的眼泪一下子涌了出来。

三十多年过去了，我再也没有见过王大爷，但是那只小花狗却一直带在我的身边。

两毛钱

有时只是举手之劳,就能帮助别人,但我们对好多举手之劳的事情却总是熟视无睹,而不愿意伸出手来。

那天下午,我去邮局寄信,人很多,大多是在附近工地干活的民工,才想到是他们发工资的日子,在往远在千里之外的家里寄钱。

我寄了一摞子信件,最后算邮费,掏光了衣袋里所有的零钱,还差两角钱。我只好掏出一张一百元的票子,请柜台里的女服务员找。她没有伸手接,望了望我,面色不大好看。为了两角钱要找一百元的零头,这确实够麻烦的,难怪她不大乐意。

我下意识弯腰又翻裤兜的时候,和一个男孩子的目光相撞。他穿着一身尘土仆仆的工装,就站在我旁边的柜台的角上,个头才到我的肩膀,瘦小得像个豆芽菜。我发现他的眼光里流露着犹豫的眼神,抿着嘴,冲我似笑非笑的样子,有些怪怪的。而他的一只手揣在裤袋里,活塞一样来回动了几下,似掏未掏的样子,好像那里藏着刺猬一样什么扎手的东西。这更让我感到奇怪了。

没有,裤袋也翻遍了,确实找不出两角钱。我只好把那张一百元的票子又递了上去,服务员还是没有接,说了句:"你再找找,这才两角钱还没有呀。"

可我确实没有啊,我有些气,和她差点没吵起来。

这时候,我的衣角被轻轻拉了一下,回头一看,是那个男孩子。我看见他的手从裤袋里掏了出来,手心里攥着两角钱:"我这里有两角钱。"说完这句外乡口音很重的话,他羞涩地脸红了。原来刚才他一直想帮助我,只是有些犹豫,是怕我拒绝,还是怕两角钱有些太不值得?我接过钱,有些皱巴巴的,还带有他手心的温热,虽然只有两角钱,我还是谢了他。他微微地一笑,只是脸更有些发红了,真是一个可爱的孩子。

寄完信,我去附近的超市买东西,破开了那一百元的票子,有了足够的零钱。我又回到邮局里,不过,那时已是落日的黄昏,不知那个孩子还在不在?我想如果那个孩子还在,应该把钱还给他。

他还真的在那里，还站在柜台的角上，那些民工还没有汇完钱，他是在等着大人们一起回去。我向他走了过去，他看见了我，冲我笑了笑，因为有了那两角钱，我们成了熟人，他的笑容让我感到一种天真的亲切，很干净透明的那种感觉。

走到他的身边，我打消了还那两角钱的念头。我不知道这样做对不对，但看到他那样的笑，总觉得他是在为自己做了一件帮助人的好事，才会这样的开心。能够帮助人，而且是举手之劳的事情，尤其是帮助了一个看起来比自己大许多的大人，心里总会产生一种美好的感觉吧。我当时就这样想，干吗要打破孩子这样美好的感觉呢？一句谢谢，比归还两角钱，也许，更重要吧？我轻轻地抚摸了一下他的头，问了问："还没有走呀？"然后，我再次郑重地向他说了声："谢谢你啊！"他的脸上再次绽放出笑容。

以后，我多次去过那家邮局，再也没有见过那个孩子，但我怎么也忘不了他。他让我时时提醒自己，面对一些举手之劳的事情，能够伸出手来去帮助他人，一定要伸出手来。

写作提示
找出最能打动自己的点

一件事怎么写（一）——铺垫的作用

从一件具体的事情写起，是写作入门的必经之路。无论当初我自己做学生的时候，还是后来我自己的孩子又做了学生的时候，老师总会出这样的作文题目：《最难忘的一件事》《最有意义的一件事》《记寒假里的一件事》《我童年的一件事》，不一而足，常常是要求写一件事。这是学习写作绕不开的第一步。

可以说，写好一件事，是我们写作入门的素描课，是基础，是童子功，这就好比达·芬奇画蛋——尽管这比喻已经快老掉牙了，却不能因为老就没有了道理。怎么写，从哪儿写，怎么样将一件事写得清楚、生动，又耐看，格外锻炼人的眼光和笔力。

说眼光，是说这件事选择出来了，如何写，才可以避免简单化的叙述，避免过于程式化的罗列，避免一般化的描写，把一件本来挺生动的事情，干巴巴的写得如话梅核一样索然寡味。

一件事怎么写（二）——角度的重要性

《上一碗米饭的时间》，也是写的一件事。概括起来，也是一句话：大冷的天，一个农民工没有多少钱，进了饭馆只要一碗米饭，服务员半天也没上这碗米饭，等米饭终于上来了，农民工走了。

如何把这件事情写好？仅仅依靠铺垫，比如写天气怎么冷，写农民工等得怎么焦急，然后把势利眼的服务员骂上几句，就显得不够用了，失之于简单。即使勉强写出来了，也会很一般化。这篇文章我迟迟没有下笔，总觉得不大好写。

不好写的原因，是没有找到好的角度。

最后，我选择了从人物关系入手，因为在这件事发生的过程中，出现了农民工、服务员和我三个人。我们三人那时候都在饭馆这一规定的情境中，虽然素不相识，彼此也没有说什么话，但因为一碗米饭而彼此有了联系。即农民工要一碗米饭，服务员半天也没给他上这碗米饭，我看不过去了，替农民工要了一碗米饭。这样，一碗米饭，就不仅仅是简单的一碗米饭，而有了层层递进的变化，有了往返循环的流动。而我们三个人因一碗米饭，也发生着微妙的心理变化，甚至是心理斗法。当我意识到这一点的时候，我发现这一碗米饭，居然在心理上密切联系着我们三个人，挺新鲜的，挺有意思的，我才觉得能够下笔了，或者说，我心里才有了底气，敢于下笔写这篇文章了。其实，就是说，我终于找到了这篇文章的角度。也就是说，找到了这篇文章的突破口。选择好了角度，文章才容易写。

任何最初学习写作的学生，都会面临着和我一样寻找最适合自己这篇文章的角度的过程。因此，寻找角度的过程，就是文章构思的过程，这个过程最锻炼人，也是最需要学习和训练的。在这样的过程中，学生们一般最愿意走简便的路，即把自己经历的事情小猫吃鱼一般事无巨细地从头写到尾，一件挺有意思的事，就容易写

得臃肿，写得没有了意思。

　　所以，在选择这个角度的过程中，不是着急地把这件事想得如何细致而周到，而是需要找到这件事的哪一点最打动了自己，或者说最有意思、最值得去写。这是一篇文章写作的路径，也是一篇文章写作的方向。

　　最初学习作文的同学，选择文章角度的时候，往往容易把眼睛死死盯着这件事的外部或过程，而忽略了这件事的内部成因。特别容易忽略发生这件事的人物相互的关系和彼此的心理作用。希望这篇文章能够给大家一个参考。

　　构思角度的选择，就是有着这样点石成金的作用，就是这样的"众里寻他千百度，那人却在灯火阑珊处"，需要我们耐心地寻找，用我们的心和眼睛，能够和"她"有一个美丽的邂逅。

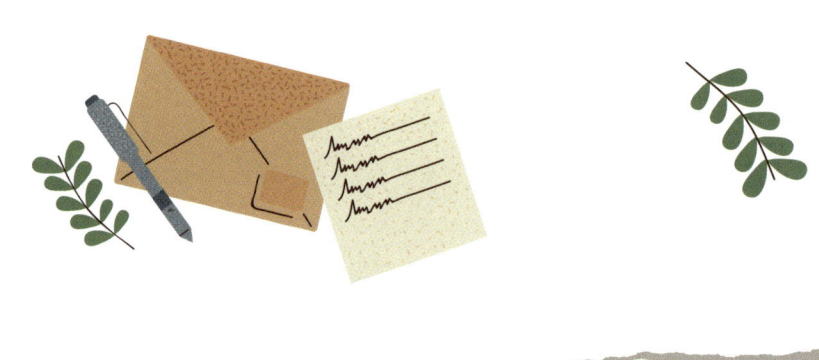

写你身边的人

第 2 堂课

2

Lesson 2

清明忆父

好多童年的事情,过去了那么多年,却依然恍若眼前,连一些细枝末节,都记得特别清楚。记得父亲为我买的第一支笛子,是1角2分钱;买的第一本《少年文艺》,是1角7分钱;买的第一把京胡,是2元2角钱……那时候,家里生活不富裕,一家五口全靠父亲微薄的薪水维持,为了给我买这些东西,父亲掏出这些钱来,是咬着牙的。因为那时买一斤棒子面才几分钱,花这么多钱买这些东西,特别是花两块多钱买一把京胡,显得有些奢侈。

读初二的那一年,我爱上了读书,特别是从同学那里借了一本《千家诗》之后,我对古诗更是着迷。那时候,我家住在前门,离大栅栏不远,大栅栏路北有一家挺大的新华书店,我常常在放学之后到那里看书。多次翻看后,从那书架上琳琅满目的唐诗宋词里,我看中其中四本,最为心仪,总是爱不释手,拿起来,又放下,恋恋不舍。一本是复旦大学中文系编选的《李白诗选》,一本是冯至编选的《杜甫诗选》,一本是游国恩编选的《陆游诗选》,一本是胡云翼编选的《宋词选》。

第2堂课　写你身边的人

每一次,翻完这四本书后,总要忍不住看看书后面的定价,《李白诗选》定价是1元5分,《杜甫诗选》定价是7角5分,《陆游诗选》定价是8角,《宋词选》定价是1元3角。四本书加起来,总共要小5元钱呢。那时候的5元钱,正好是我上学在学校里一个月午饭的饭费。每一次看完书后面的定价,心里都隐隐地叹口气,这么多钱,和父亲要,父亲不会答应的。所以,每次翻完书,心里都对自己说,算了,不买了,到学校借吧。可是,每次到新华书店里来,总忍不住还要踮着脚尖,把这四本书从架上拿下来,总忍不住翻完书后还要看看后面的定价,似乎希望这一次看到的定价,会比上一次看到的要便宜了似的。

那时候,姐姐为了帮助父亲分担家庭的负担,不到18岁就去了包头,到正在新建的京包铁路线上工作,从她的工资里拿出大部分,开始每月给家里寄20元钱。那一天放学之后,母亲刚刚从邮局里取回姐姐寄来的20元钱,我清清楚楚地看见母亲把那4张5元钱的票子放进了我家放"金银细软"的小箱子里。母亲出去之后,我立刻打开小箱子,从那4张票子里抽出一张,揣进衣兜,飞也似的跑出家门,跑到大栅栏,跑进新华书店,不由分说地,几乎是比售货员还要业务熟练地从书架上抽出那四本书,交到柜台上,然后从衣兜里掏出那张5元钱的票子,骄傲地买下了那四本书。终于,李白、杜甫和陆游,还有宋代那么多有名的词人,都属于我了,可以天天陪伴我一起吟风弄月、说山论河了。

回到家，我放下那四本书，非常高兴，就跑出去到胡同里和小伙伴们玩了。黄昏的时候，看见刚下班的父亲一脸铁青地向我走来，然后把我领回家，回到家，把我摁在床板上，用鞋底子打了我屁股一顿。我没有反抗，没有哭，什么话也没有说，因为我一眼看到床头上放着那四本书，知道父亲一定知道了小箱子里少了一张5元钱的票子是干什么去了。我知道，是我错了，我不该心血来潮私自拿钱去买书，5元钱对于一个贫寒的家的日子来说是笔不小的数目。

挨完打后，我没有吃饭，拿着那四本书，跑回大栅栏的新华书店，好说歹说，求人家退了书。我把拿回来的钱放在父亲的面前，父亲抬头看了我一眼，什么话也没有说。

第二天晚上，父亲回来晚了，天完全黑了下来。母亲已经把饭菜盛好，放在桌子上，我们一家正等他吃饭。父亲坐在饭桌前，没有先端饭碗，而是从他的破提包里拿出了几本书，我一眼看见，就是那四本书，《李白诗选》《杜甫诗选》《陆游诗选》和《宋词选》。父亲对我说："爱看书是好事，我不是不让你买书，是不让你私自拿家里的钱。"

将近50年的光阴过去了，我还记得父亲讲过的这句话和讲这句话时的样子。那四本书，跟随我从北京到北大荒，又从北大荒到北京，几经颠簸，几经搬家，一直都还在我的身旁。大栅栏里的那家新华书店，奇迹般的也还在那里。一切都好像还和童年时一样，只是父亲已经去世38年了。

窗前的母亲

在家里,母亲最爱待的地方就是窗前。

自从搬进楼房,母亲就很少下楼,我们都嘱咐她,她自己也格外注意。楼层高、楼梯陡,自己老了,如果磕着碰着就会给孩子添麻烦。每天,我们在家的时候,她和我们一起忙活着做家务,手脚不识闲儿;我们一上班,孩子一上学,家里只剩下她一个人时,大部分时间,她就待在窗前。

那时,母亲的房间,一张床紧靠着窗子,那扇朝南的窗子很大,几乎占了一面墙,母亲坐在床上,靠着被子,窗前的一切就一览无余。阳光总是那样的灿烂,透过窗子照得母亲全身暖洋洋的,母亲就像向日葵似的特别爱追着太阳烤,让身子有暖烘烘的感觉。有时候,不知不觉她就依在被子上睡着了。一个盹打过来,睁开眼睛,她会接着望窗外。

窗外有一条还没有完全修好的马路,马路的对面是一片工地,恐龙似的脚手架簇拥着正在盖起的楼房,切割着那片湛蓝湛蓝的天空,遮挡了远处的视线。由于马路没有完全修好,来往的车辆不多,人也很少,窗前大部分时间是安静的，只有太阳在悄悄地移动，从窗子的这边移到另一边，然后移到窗后面，留给母亲一片阴凉。

我们回家，只要走到楼前，抬头望一下那扇窗子，就能看见母亲的身影。窗子开着的时候，母亲花白的头发会迎风摆动，窗框就像恰到好处的画框。等我们爬上楼梯，还没掏出门钥匙，门已经开了，母亲站在门口。不用说，我们从楼下看见母亲时，母亲也看见我们了。那时候，我们出门永远不怕忘记带房门钥匙，有母亲在窗前守候着，门后面总会有一张温暖的脸庞。有时我们晚上很晚才回家，楼下已经黑乎乎一片了，窗前的母亲也能看见我们。

其实，母亲早就老眼昏花，不过是凭感觉而已，可她的感觉从来都十拿

九稳,她总是那样及时地出现在家门的后面,替我们早早地打开门。

母亲最大的乐趣,是对我们讲她这一天在窗前看见的新闻。她会告诉我们:今天马路上开过来的汽车比往常多了几辆;今天对面的路边卸下好多的沙子;今天咱们这边的马路边栽了小树苗;今天她的小孙子放学和同学一前一后追赶着,像一阵风似的;今天还有几只麻雀落在咱家的窗台上……都是些平淡无奇的小事,但她有枣一棍子、没枣一棒子地讲起来津津有味。

母亲不爱看电视,总说她看不懂那玩意儿,但她看得懂窗前这一切,这一切都像是放电影似的,演着重复的和不重复的琐琐碎碎的故事,沟通着她和外界的联系,也沟通着她和我们的联系。有时候,望着窗前的一切,她会生出一些东一榔头西一棒子的联想,大多是些陈年往事,不是过去住平房时的陈芝麻烂谷子,就是沉淀在农村老家时她年轻的回忆。听母亲讲述那些八竿子都打不到一起的事情,让我感到岁月的流逝、人生的沧桑就是这样在她的眼睛里和窗前闪现着。有时候,我偶尔会想,要是把母亲的这些都写下来,那才是真正的意识流呢。

母亲在这座新楼里一共住了五年。母亲去世以后,好长一段时间,我出门总是忘记带钥匙。而每一次回家走到楼下的时候,我也总是习惯地望望楼上的那扇窗,可那空荡荡的窗像是没有画幅的镜框,像是没有了牙齿的瘪嘴。这时,我才明白那五年里窗前母亲的身影对我们是多么的珍贵而温馨,才明白窗前有母亲的回忆,也有我们的回忆。

当然,更明白了:只要母亲在,家里的窗前就会有母亲的身影。那是每个家庭里无声却最动人的一幅画。

表叔与阿婆

　　北京前门一带多会馆，均是清朝末年各地进京赶考的秀才修建。事过经年，几番历史风雨剥蚀，当年书韵墨香早已荡然无存，如今各类小房如雨后春笋，成为名副其实的大杂院。

　　粤东会馆便是其中一座，表叔便是这座大院里的一家。为什么唤他表叔，谁也道不出子丑寅卯。几十年来，大院无论男女老少都这样唤他。这称谓透着亲切，也杂糅着难以言说的人生况味。

　　表叔以洁癖闻名全院。下班回家，两件大事：一是擦车，二是擦身。无论冬夏雨雪，雷打不动。他擦车与众不同，要把他那辆自行车调个过儿，车把冲地，两只车轮朝上，活像对付一个双腿朝天不住踢腾的调皮孩子。他便像给孩子洗澡一样认真而仔细，湿布、棉纱、毛巾，轮番招呼，直擦得那车铮亮，方才罢手，然后擦身。赤着脊梁，湿毛巾、干毛巾，一通上下左右、斜刺横弋地擦，直擦得身上泛红发热，然后心满意足将一盆水倒出屋，从擦车到擦身一系列动作才算完成，绝对是浑然一体，一气呵成，成为大院久演不衰的保留节目。

年近五十的表叔至今独身未娶。这很让全院人为他鸣不平。他人缘极好，是一家无线电厂的工程师，院里街坊谁家收音机、电视机出了毛病，都是他出马，手到擒来，不费吹灰之力。偏偏人好命不济，从年轻时就开始走马灯一样介绍对象，竟然天上瓢泼大雨也未有一滴雨点儿落在他的头顶。究其原委，表叔有个缺陷：说话"大舌头"，那说话声儿有些含混。姑娘一听这声音，便皱起眉头，觉得这太刺激耳朵，更妨碍交流。

表叔还有个包袱，实际是他交对象始终未成的最大障碍，便是阿婆。院里的人都管表叔的妈妈叫阿婆。自打表叔一家搬进大院，阿婆便是瘫在床上的，吃喝拉撒睡，均无法自理。有的姑娘容忍了表叔的舌头，一见阿婆立刻退避三舍，甚至说点不凉不酸或绝情的话。

久经沧海，表叔心静自然凉，觉得天上星星虽多，却没一颗是为自己亮的，而自己要永远像一轮太阳，照耀在母亲身旁。他能够理解并原谅姑娘拒绝自己的爱，包括对自己舌头的鄙夷，却绝不理解更难原谅她们对自己母亲的亵渎。虽然，老人是瘫在床上，但她这辈子全为了儿子呀！羊羔尚知跪乳以谢母恩，更何况人呢！

院里街坊都庆幸阿婆有福，虽没得到梦寐以求的儿媳妇，毕竟摊上这么孝顺的儿子。阿婆总觉得自己拖累了儿子，常念叨："都是我这么一个瘫老太婆呀，害得你讨不到媳妇！"表叔总这样劝阿婆："我就是没有媳妇也不能没有您。您想想，没有您能有我吗？"表叔粗粗的声音混沌得很，在阿婆听来却是天籁之音。

阿婆故去时，表叔已经五十多了。他照样没有找到对象，照样每天雷打

第2堂课 写你身边的人

不动地擦车、擦身,只是那车再如何精心保养也已见旧,表叔赤裸的脊梁更见薄见瘦。好心的街坊觉得这么好的表叔,说什么也得帮他找个对象。表叔并不抱奢望,觉得那爱情不过是小说和电视里的事,离他越来越遥远,只能说说、听听而已。但是,好心的街坊锲而不舍,几年努力,街坊们终于没白辛苦,终于有一位四十余岁的女人看中了表叔。

表叔却坚决拒绝。起初谁也猜不透,只觉得一定是女人伤透了表叔的心。一直到去年,表叔突然魂归九泉,人们才明白:表叔那时已知自己身患不治之症。

表叔死后留下许多东西,其中最醒目的是那辆自行车,干干净净,锃光瓦亮。

花边饺

小时候,包饺子是我家的一桩大事。那时候,家里生活拮据,吃饺子当然只能等到过年过节。平常的日子,破天荒包上一顿饺子,自然就成了全家的节日。

一般,妈妈总要包两种馅的饺子,一种肉一种素。这时候,圆圆的盖帘上分两头码上不同馅的饺子,像是两军对弈,隔着楚河汉界。我和弟弟常捣乱,把饺子弄混,但妈妈不生气,用手指捅捅我和弟弟的脑瓜儿说:"来,妈教你们包花边饺!"我和弟弟好奇地看,妈妈将包了的饺子沿儿用手轻轻一捏,捏出一圈穗状的花边,煞是好看,像小姑娘头上戴了一圈花环。我们却不知道妈妈耍了一个小小的花招儿,她把肉馅的饺子都捏上花边,让我和弟弟连吃惊带玩地吞进肚时,眼睛笑得眯成了一条缝。

那些艰苦的岁月,妈妈的花边饺,给了我们难忘的记忆。但是,这些记忆,都是长到自己做了父亲的时候,才开始清晰起来,仿佛它一直沉睡着,必须我们用经历的代价才可以把它唤醒。

自从我能写几本书之后,家里经济状况好转,饺子不再是什么圣餐。我想起码不能让妈妈在吃这方面再受委屈了。我曾拉妈妈到外面的餐馆开开洋荤,她连连摇头:"妈老了,腿脚不利索了,懒得下楼啦!"我曾在菜市场买来新鲜的鱼肉或时令蔬菜,回到家里自己做,妈妈并不那么爱吃,只是尝几口便放下筷子。我便笑妈妈:"您呀,真是享不了福!"

后来,我明白了,尽管世上食品名目繁多,人的胃口花样翻新,妈妈雷打不动只爱吃饺子。那是她老人家几十年一贯制历久常新的最佳食谱。我知道唯一的方法是常包饺子。

那一年大年初二,全家又包饺子。我要给妈妈一个意外的惊喜,因为这一天是她老人家的生日。我包了一个带糖馅的饺子,放进盖帘一圈圈饺子之中,然后对妈妈说:"今儿您要吃着这个带糖馅的饺子,您一准儿是大吉大利!"

妈妈连连摇头笑着说:"这么一大堆饺子,我哪儿那么巧能有福气吃到?"说着,她亲自把饺子下进锅里。饺子如一尾尾小银鱼在翻滚的水花中上下翻腾,充满生趣。望着妈妈昏花的老眼,我看出来她是想吃到那个糖饺子呢!

热腾腾的饺子盛上盘,端上桌,我往妈妈的碟中先拨上三个饺子。第二个饺子妈妈就咬着了糖馅,惊喜地叫了起来:"哟!我真的吃到了!"我说:"要不怎么说您有福气呢?"妈妈的眼睛笑得眯成了一条缝。

其实,妈妈的眼睛实在是太昏花了。她不知道我耍了一个小小的花招,用糖馅包了一个有记号的花边饺。

那曾是她老人家教我包过的花边饺。

荔　枝

　　我第一次吃荔枝，是28岁的时候。那是十几年前，我刚从北大荒回到北京，家中只有孤零零的老母。站在荔枝摊前，脚挪不动步。那时，北京很少见到这种南国水果，时令一过，不消几日，再想买就买不到了。想想活到28岁，居然没有尝过荔枝的滋味，再想想母亲快70岁的人了，也从来没有吃过荔枝呢！虽然一斤要好几元，挺贵的，咬咬牙，还是掏出钱买上一斤。那时，我刚在郊区谋上中学老师的职，衣袋里正有当月42元半的工资，硬邦邦的，鼓起几分胆气。我想让母亲尝尝鲜，她一定会高兴的。

　　回到家，还没容我从书包里掏出荔枝，母亲先端出一盘沙果。这是一种比海棠大不了多少的小果子，居然每个都长着疤，有的还烂了皮，只是让母亲一一剜去了疤，洗得干干净净。每个沙果都显得晶光透亮，沾着晶莹的水珠，果皮上红的纹络显得格外清晰。不知老人家洗了几遍才洗成这般模样。我知道这一定是母亲买的处理水果，每斤顶多5分或者1角。居家过日子，老人就这样一辈子过来了。不知怎么搞的，我一时竟不敢掏出荔枝，生怕母亲骂我大

手大脚,毕竟这是那一年里我买的最昂贵的东西了。

我拿了一个沙果塞进嘴里,连声说真好吃,又明知故问多少钱一斤,然后不住口说真便宜——其实,母亲知道那是我在安慰她而已,但这样的把戏每次依然让她高兴。趁着她高兴的劲儿,我掏出荔枝:"妈!今儿我给您也买了好东西。"母亲一见荔枝,脸立刻沉了下来:"你财主了怎么着?这么贵的东西,你……"我打断母亲的话:"这么贵的东西,不兴咱们尝尝鲜!"母亲扑哧一声笑了,筋脉突兀的手不停地抚摸着荔枝,然后用小拇指甲盖划破荔枝皮,小心翼翼地剥开皮又不让皮掉下,手心托着荔枝,像是托着一只刚刚啄破蛋壳的小鸡,那样爱怜地望着,舍不得吞下,嘴里不住地对我说:"你说它是怎么长的?怎么红皮里就长着这么白的肉?"毕竟是第一次吃,毕竟是好吃!母亲竟像孩子一样高兴。

那一晚,正巧有位老师带着几个学生突然到我家做客,望着桌上这两盘水果有些奇怪。也是,一盘沙果伤痕累累,一盘荔枝玲珑剔透,对比过于鲜明。说实话,自尊心与虚荣心齐头并进,我觉得自己仿佛是那盘丑小鸭般的沙果,真恨不得变戏法一样把它一下子变走。母亲端上茶来,笑吟吟顺手把沙果端走,那般不经意,然后回过头对客人说:"快尝尝荔枝吧!"说得那般自然、妥帖。

母亲很喜欢吃荔枝，但是她舍不得吃，每次都把大个的荔枝给我吃。以后每年的夏天，不管荔枝多贵，我总要买上一两斤，让母亲尝尝鲜。荔枝成了我家一年一度的保留节目，一直延续到三年前母亲去世。

母亲去世前是夏天，正赶上荔枝刚上市。我买了好多新鲜的荔枝，皮薄核小，鲜红的皮一剥掉，白中泛青的肉蒙着一层细细的水珠，仿佛跑了多远的路，累得张着一张张汗津津的小脸。是啊，它们整整跑了一年的长路，才又和我们阔别重逢。我感到慰藉的是，母亲临终前一天还吃到了水灵灵的荔枝，我一直认为是天命，是母亲善良忠厚一生的报偿。如果荔枝晚几天上市，我迟几天才买，那该是何等的遗憾，会让我产生多少无法弥补的痛楚。

其实，我错了。自从家里添了小孙子，母亲便把原来给儿子的爱分给了孙子一部分。我忽略了身旁小馋猫的存在，他再不用熬到28岁才能尝到荔枝，他还不懂得什么叫珍贵，什么叫舍不得，只知道想吃便张开嘴巴。母亲去世很久，我才知道母亲临终前一直舍不得吃一颗荔枝，都给了她心爱的太馋嘴的小孙子吃了。

而今，荔枝依旧年年红。

苦 瓜

　　原来我家有个小院，院里可以种些花草和蔬菜。这些活儿，都是母亲特别喜欢做的。把那些花草蔬菜侍弄得姹紫嫣红，像是给自己的儿女收拾得眉清目秀，招人眼目，母亲的心里很舒坦。

　　那时，母亲每年都特别喜欢种苦瓜。其实这么说并不准确，是我特别喜欢苦瓜。刚开始，是我从别人家里要回苦瓜籽，给母亲种，并对她说："这玩意儿特别好玩，皮是绿的，里面的瓤和籽是红的！"我之所以喜欢苦瓜，最初的原因是它里面瓤和籽格外吸引我。苦瓜结在架上，母亲一直不摘，就让它们那么老着，一直挂到秋风起时，越老，它们里面的瓤和籽越红，红得像玛瑙、像热血、像燃烧了一天的落日。当我掰开苦瓜，兴奋地将这两片像船一样而盛满了鲜红欲滴的瓤和籽的瓜时，母亲总要眯缝起昏花的老眼看着，露出和我一样喜出望外的神情，仿佛那是她的杰作，是她才能给予我的欧·亨利式的意外结尾，让我看到苦瓜最终具有了这一朝阳般的血红和辉煌。

　　以后，我发现苦瓜做菜其实很好吃。无论做汤，还是炒肉，都有一种清苦味。

那苦味,格外别致,既不会传染给肉或别的菜,又有一种苦中蕴含的清香,和苦味淡去的清新。

像喜欢院子里母亲种的苦瓜一样,我喜欢上了苦瓜这一道菜。每年夏天,母亲经常都会从小院里摘下沾着露水珠的鲜嫩的苦瓜,给我炒一盘苦瓜青椒肉丝。它成了我家夏日饭桌上一道经久不衰的家常菜。

自从这之后,再见不到苦瓜瓤和籽鲜红欲滴的时候,是因为再等不到那个时候了。

这样的菜,一直吃到我离开了小院,搬进了楼房。住进楼房,依然爱吃这样的菜,只是再吃不到母亲亲手种、亲手摘的苦瓜了,只能吃母亲亲手炒的苦瓜了。

一直吃到母亲六年前去世。

如今,依然爱吃这样的菜,只是母亲再也不能为我亲手到厨房去将青嫩的苦瓜切成丝,再掂起炒锅亲手将它炒熟,端上自家的餐桌了。

因为常吃苦瓜,便常想起母亲。其实,母亲并不爱吃苦瓜。除了头几次,在我一再地怂恿下,勉强动了几筷子,皱起眉头,便不再问津。母亲实在忍受不了那股异样的苦味。她说过,苦瓜还是留着看红瓤红籽好。可是,每年夏天当苦瓜爬满架时,她依然为我清炒一盘我特别喜欢吃的苦瓜肉丝。

最近,看了一则介绍苦瓜的短文,上面有这样一段文字:"苦瓜味苦,但它从不把苦味传给其他食物。用苦瓜炒肉、焖肉、炖肉,其肉丝毫不沾苦味,故而人们美其名曰'君子菜'。"

不知怎么搞的,看完这段话,让我想起母亲。

写作提示
写好和人物相关的关键事

一个人怎么写（一）——一条线和一个意象

写好一个人，也是初学写作的必经之路。学生作文中，特别是在记叙文写作中，一件事和一个人，往往是训练的必要场地，常常会要求学生们在这上面一试身手。也的确是这样的，一件事和一个人，都能够写好，便像是乒乓球左推右挡的基本功训练，熟练得得心应手之后，便可以左右开弓，无往而不胜，再写其他文体或题目，就会容易得多，简便得多。

写好一个人，最好先从自己身边的人写起，因为身边的人，时常和我们生活在一起，甚至天天耳鬓厮磨，毕竟熟悉，闭上眼睛，就会写出发生在他们身上或他们和我们之间的很多有意思的事情。但是，问题往往就容易出现在这里，因为太熟悉，知道的事情太多，而一时无从下手，从哪儿写起，写些什么事情为好呢。

当然，写一个人的一件事，最方便，最简单易行。但是，学生们，特别是高年级的学生，已经不满足于一人一事这样简单的写作方法。不过，这样一来，常常会出现这样的尴尬，将很多事情堆积在一起写一个人。以为可以将这个人写得很丰富，却很可能像穿的衣服过多而显得臃肿、啰唆，以致写成了流水账，写成一锅糨子一般。让这些多的事情淹没了这个人物。

一个人怎么写（二）——一个结点上的亮相

先举几个例子——

泰戈尔的《喀布尔人》，写的是一位远离家乡的卖货郎，思念小女儿。泰戈尔是如何表达，又是如何来写这样一个人物的呢？最后依托的是那张印有小女儿

小小手印的纸。这张纸一直藏在他的身上，即使是坐牢也没有把它弄坏弄丢。文章前面写了卖货郎的很多事情，就像一个运动员从远处开始跑步，是在助跑，是在积蓄力量，为了这最后的一跃——展现给读者这张纸，从而打动读者，并让这位父亲的形象树立了起来。

皮兰德娄的《西西里柠檬》，写的是一位来自西西里的小伙子，风尘仆仆地来到城里看望他的恋人，面对的却是已经把他遗忘而移情别恋的恋人。如何展现这样两个年轻人截然不同的形象呢？靠的是小伙子带来的家乡的西西里柠檬。小伙子离开后，那些柠檬留在了那里。无疑，柠檬成为了一种感情的象征物，也成了两个人形象的延伸。

老舍的《热包子》，同样写的是一对年轻人，不过不是恋人的关系，而是已经升级为夫妻。摩擦之后，妻子离家出走半年，丈夫盼望她归来，妻子归来的那一刻，他跑出家门，旁人问他干吗去，他先是喜欢得说不出话来，然后趴在人家的耳边说了句："我给她买热包子去。" 他把个"热"字说得分外真切。买热包子的这个举动，让这个丈夫喜悦的心情和憨厚的形象凸显。

孙犁的《红棉袄》，写的是一个十六岁的农村姑娘，抗战期间，患有打摆子重病的八路军战士来到她家的故事。家里只有她一个人，她该怎样面对这突然到来的一切，去照顾瑟瑟发抖、不住呻吟、身子缩拢得越来越小的战士呢？她脱下自己在这一天早晨才穿上的红棉袄，给战士盖上。如果没有这件红棉袄，光是说她怎么样烧炕取暖、怎么样烧水做饭、怎么样说着关心的话语，怎么能够突出小姑娘的形象呢？

之所以先举出这样四个例子，是想说明写好一个人物，可能会有许多种方法，但更好更有力量也更容易学的，莫过于这四篇文章中所用的一种共同的方法，即集中力量写好和人物密切相关的最关键的一件事。

在这里，有两点需要格外注意：

第一，这件事，一定不要那么复杂，那么琐碎，要有形象一些的东西作为依托。就像这四篇文章中的那张印有小女儿小手的纸和被遗忘的西西里柠檬、那几个热包子和那件新穿在身上的红棉袄。

第二，这样富有形象感的事物，一定是在文章最后和人物一起干净利落地出现。它们一出现，文章就戛然而止。

这就像京戏里人物的亮相。舞台上的追光灯聚光在人物的身上，人物所有的光彩都凝聚在这一刻之中，给人们留下的印象就深，而且，是定格在那一瞬间。

在关于人物的写作中，我喜欢这样的写法，虽然只是最后的一个亮相，却有着举足轻重的作用，起到事半功倍的效果，所谓动人春色不须多，秤砣虽小压千斤。因此，我常常注意学习这样的方法，看看别人是怎么样运用这样的方法的。有时候，学习是非常重要的，尤其是同学们在最初的写作过程中，有榜样在前，有红模子可描，是非常必要的。写作，害怕想当然，害怕自以为是。

第 3 堂课

风景不是无情物

Lesson 3

天池浪漫曲

到新疆首先要到天池。

天池！听听这名字就足以引人，天上的池塘，该是何等浪漫。更何况古称瑶池，传说是王母娘娘沐浴之地，周穆王西游宴乐之地，更让这里闪烁着浪漫光环。我上天池为了什么？望着一车脸上泛着光芒的游人，我在问自己。

车出了乌鲁木齐，戈壁的苍凉让人心发紧，悲壮让人心动，美却让人感到辛酸得想落泪。我知道这是西北独具的色彩和美，这是一种只有经历沧桑才能感受到的悲剧式崇高而庄严的美。美丽而神奇的天池那一缕浪漫，正诞生在这样浑黄苍凉美的土地上。

我明白了，我并非独寻天池而来，我是梦想着、思念着、牵挂着一个人的。如果没有这个人，也许我不会到新疆来，也不会奔天池去。因为新疆最初给我的印象，不是哈密瓜，不是葡萄干……而是他写的歌"在那遥远的地方，有位好姑娘，人们走过她的帐房，都要回头留恋地张望……""达坂城的石头硬又平啊，西瓜大又甜；达坂城的姑娘辫子长啊，两只眼睛真漂亮……"

是他的歌把新疆与我拉近。只是那时一直到后来许久，我并不知道不仅仅这两首而且众多有关新疆的歌都是他创作的。这不能怪我，尽管《在那遥远的地方》编入法国国立巴黎音乐学院的教材，罗伯逊曾将它作为保留节目唱遍世界，歌曲并没有署名作者，而荒唐地冠以"青海民歌"。他是谁？能写出这么动听歌的人一定美如达坂城的姑娘……

车到阜康县城折东跑三十一公里便是天池。一路天池水向导一样引我入山。

就在今年，我才知道他叫王洛宾，今年已经七十八岁高龄！

他的青春融进他创作的无数首新疆歌曲：《玛依拉》《半个月亮爬上来》《都塔尔和玛丽亚》《高高的白杨树》……他的歌就是他的心的翅膀，让新疆飞向世界。

传说也许带有演绎色彩，说他在二十六岁那一年在兰州街头偶然听到一个维吾尔族司机哼唱小曲，立刻被磁石般吸引住了。为此，痴情如醉，他竟义无反顾，只身一人西出阳关，直奔新疆，成了一个地地道道的西北土著。谁想到呢，他却为此付出太为昂贵的代价，不仅仅是青春，不仅仅是中年丧妻，而且是长达十五年的牢狱生涯……

他却创作出那么多美妙足以惊动世界的新疆歌曲！

我终于见到了天池！它比我见到过的许多湖泊都要美。平原的湖泊：太湖、西湖、鄱阳湖，自不必说了，它们难有这样居高临下的气势，难有这样倚天揽山的格局，难有这样古木拔地、雪峰参天的森森万千气象！如果说美，它是冷艳的美，是经历寒冷之后的温馨。如果说美，它是悲壮的美，是经历了磨砺沧桑之后的深沉。

我却没能见到他——王洛宾。

南疆，一枚金色的书签

南疆是金色的。

横亘新疆的塔克拉玛干沙漠，在南疆，一望无垠，连接着天与地、神与人那遥远渺茫而神秘的界限，在西北格外高远的蓝天的映衬下，在紫外线格外强烈的阳光的照射下，沙漠浸透着无边无际的金色。那种纯正的金色，似乎从每一粒沙砾中都可以提取出金子来。

这种金色，可以说是涂抹在整个南疆的底色，在中国，这是任何一地旅游中都无法看到的风光。在江南的春天，可以看到绿色的山水；在北国的冬天，可以看到银色的冰雪；在中原的秋天，可以看到火红的枫叶……但是，你要想看到这样壮丽恢宏的金色的沙漠，必要到南疆，舍此其谁，别无选择。

不过，如果你以为南疆只是沙漠一片地表的荒凉、一种色彩的单调、一幅"一川碎石大如斗，随风满地石乱走"的枯寂画面，那你就错了。南疆的魅力，在于这样壮阔的沙漠背景中所蕴藏着的庙宇、千佛洞和古城遗址。它们相得益彰，构成了南疆人文与自然交相辉映的奇迹。

庙宇在各地都能够见到，但如果你不乘飞机而是坐汽车横穿塔克拉玛干之后来到喀什，见到那金碧辉煌的清真寺的时候，那感觉是不一样的。因有了漫长旅途的期待，更因有和天一样宽广的沙漠的依托与对比，那彩色的清真寺才会在你的眼前立刻为之一亮，仿佛在茫茫的黑夜里看到了灿烂的星星，和在星星闪烁下出现的童话般的辉煌的宫殿一样。风景，如同戏剧中的人物出场一样，南疆独有的沙漠无疑起了烘云托月的作用。金色和彩色的色彩相比，才会显得如此炫目。这让我想起在土耳其的伊斯坦布尔见到的蓝色清真寺，在蔚蓝色的博斯特鲁斯海峡涌动的海水的映衬下，才显得那样的壮观。南疆的沙漠，与伊斯坦布尔的海水，作用是一样的，化学反应似的，衬托得清真寺那样的不同凡响，金色的沙漠和蔚蓝色的海水，是清真寺的背景，如果没有了这样的背景，怎么可以迸射出它们如此的辉煌？

千佛洞，无论是库车的克孜尔尕哈的千佛洞，还是新和的托呼拉克埃肯木千佛洞，本身无疑就因有佛光聚集而辉映着灿烂的金色。这种佛光与沙漠的金色相互辉映，彼此增添着金色的浓度和纯度，千佛洞，诞生在这样的沙漠之中，才显示着它的神秘与古老。沙漠的苍老和沧桑，如老人一样保护着它们，让它们在沙漠的腹地，在历史的深处，免受伤害而能够长久的保鲜存真。也让它们历史的厚重如树的年轮一样层层叠加那样的醒目，不用任何标签，一眼就能够看得出来。那是在真正岁月雕刻下的皱纹，而不是现代化妆术后的形象。同样，沙漠因有了这样的一座座千佛洞的存在而有佛光的普照，才让沙漠中的每一粒沙砾格外金光灿灿，让在自然中在俗世中的沙砾有神圣的光芒，让你膜拜，禁不住跪拜在沙漠之中，双手捧起沙砾，让沙砾从指缝间沙漏一般流溢而出，让你感到温度，感到力度，感到茫茫天地之间的渺小

第3堂课　风景不是无情物

和自然与神的伟大。

那些散落在南疆沙漠中的古城遗址，交河故城也好，唐兰遗址也罢，或是楼兰古城、苏巴什古城、乌什喀特古城、唐奥依古城、库尔勒古城……都是南疆的奇迹。它们是南疆闪烁在今天的眼睛，它们是活在历史中的灵魂。记得那一年，我去库车的苏巴什古城，是一个落日洒满天地之间的黄昏。山是金色的，沙漠是金色的，古城的断壁残垣也都是金色的。粗犷、空旷而荒凉的景色，天和地，风和日都加入了景色之中，成为了景色独一无二的元素，更容易让人荡涤心胸，感受到与大自然的相通，和历史的接近。那样的景色，是都市的人造景观无法相比的，是那种油饰一新的仿古景观更无法相比的。在这样的景色中徜徉，古龟兹国的威风凛凛，出征西域的班超的金戈铁马，似乎都显得那样的近，仿佛就在身边不远的地方，在那座古城堡的黄色山丘后面藏着，只要我们一声招呼，他们，还有那万千将士和战马都可能呼啸着奔涌而出。四围山色，一鞭残阳，万里戈壁，迎风怀想，那样的旅程，是和小桥流水，和桃红柳绿，完全不在一个段位之上。

南疆的魅力，还在于在这样壮丽的沙漠中所蕴藏有一条壮丽的河流——莽莽苍苍的塔里木河，和河两岸各自延伸40公里的莽莽苍苍的胡杨林。

金色的南疆，如果说是一座用金子打造而成的宫殿，也正是因为有了这样丰富的人文与自然风光的参与，才使得南疆这一份炫目的金色丰富起来。如果说庙宇、千佛洞、古城遗址，是南疆雄性的体现，那么，塔里木河和胡杨林则是它女性的象征。

只要你一踏进南疆，你就被这样丰富多彩的金色所包围，所淹没，便把你自己也锻造成了一枚金色的书签，夹在你回忆的纪念册里了。

德天瀑布

德天瀑布，其实在那里漂亮地存在了几百万年，甚至上千万年了。但是，我们不知道。我们知道贵州的黄果树瀑布，知道黄河上的壶口瀑布，知道因李白诗句闻名的庐山瀑布，甚至知道横跨美国加拿大两国的尼亚加拉大瀑布……但不知道这个世界上还有一个一点也不比它们差的德天瀑布。德天瀑布只是一任自己在夏季赤身裸体敞亮而痛快淋漓地飞驰着，在冬季枯水季节里瘦弯了腰肢，披上了金色落叶的裙裾袅娜地游泳流淌着，和"寂寞开无主"的山间野花一样，花开花落不间断，春来春去不相关。

自然界的风光，美丽不在于人们知道后对它的赏识，而在于自身在寂寞中成全了自己的女儿身。人们不知道它之前，哪怕经历了成百上千悠长的岁月，它依然能神奇地保持着自己的青春，而当人们一知道了它之后，它便极其容易地迅速衰老。

出广西南宁往西走100多公里，到大新县城再往西南走，看见路越走越细，当两边的山峰一座座忽然变得像是桂林般的秀丽模样，青翠欲滴地挽着手迎

面走来，山脚下开始淌起清澈而清白得不带一点污染杂质的河流，河边长满婀娜多姿的凤尾竹、古老参天的木棉树时，德天瀑布就在眼前不远的地方了。爬上高高的山坡，眼前是一片蓝得水洗了一般，洁净得近乎透明的蓝天。

突然听到一阵阵轰鸣声似乎是从那蓝天的深处由远而近地訇然抵达你的耳畔。轰鸣声浑厚，却不像雷声那样带有嘈杂的喧嚣，而是夹带着湿润的气息，仿佛服用了金嗓子喉宝似的，声音里浸润着晶莹的水珠，听来如同嘹亮而清新的法国圆号或木管，从悠悠的云层中荡漾在你的面前。那花开一般绽放出层层涟漪的，就是德天瀑布。

这时，我们已经站在了高高的山坡上，德天瀑布在脚下一览无余。它的后面便是越南的土地，它的右边还有一条瀑布，但已属于越南了。如果是夏天，这两条瀑布会连在一起，浩浩荡荡地飞奔而下，会像是一支巨大的排箫，千孔万孔地喷涌出冲天的水柱，奏响轰天的交响，在天地之间响彻激越的回音，义无反顾地投奔在烈阳蓝天之下，迸碎出万千朵如雪的浪花。有时，会想山和山永远不可能走到一起，但水哪怕隔开得再远，却可能走到一起。眼前的德天瀑布不就是这样吗？在冬天它们会分离，在夏天就又走到一起，说它们是跨国瀑布当然可以，说它们像是一对情人瀑布，不也分外恰当吗？

杜鹃　杜鹃

现在是看杜鹃花的时节。我国杜鹃花的品种极多，但有两处的杜鹃花，最让人难忘，非常值得一看。一处是湖南九嶷山的杜鹃花，九嶷山的杜鹃在4月开花。《史记》中记载："舜南巡狩，崩于苍梧之野，葬于江南九嶷。"人们都知道九嶷山的湘妃竹，因舜帝葬于此而闻名，不大知道九嶷山的杜鹃，是因为传说中的娥皇和女英两位妃子千里迢迢逆潇水而上到九嶷，一路哭来，泪水滴落在竹上，紫痕斑斑，千年不落，才有了"斑竹一枝千滴泪，红霞万朵百重衣"的诗句。其实，娥皇和女英的泪水不仅滴在湘妃竹上，也滴落在杜鹃花上面，九嶷山的杜鹃一样有名，而且应该说比湘妃竹更动人。动人的是传说中说舜帝未死之前，九嶷山漫山遍野开的都是红杜鹃，在舜倒地那一瞬间，满山的红杜鹃，都齐刷刷地变成了白杜鹃，摇曳着齐为舜帝致哀。

连杜鹃花都知道舜帝教当地人制茶、办学堂，最后为百姓伏蟒受毒致死，而深得百姓的爱戴和怀念，才有了这样神话般的感应。想想一山的杜鹃在顷刻之间有了灵性，变了颜色，花随风摇，带动着巍巍高山也颜色陡变而随之摇曳，杜鹃摇曳着祭祀的白绸，山谷响彻悲恸的风声，该是多么壮丽的场面。从此，九嶷山每年4月，都是既开红杜鹃，也开白杜鹃。这时候到九嶷山，满山的红白杜鹃，扑扇着红白一对翅膀，把整个九嶷山带动得都飞起来似的，会让人迎风遥想，染上历史回味和岁月沧桑的杜鹃，不是一朵，也不是一丛、一片，而是漫山遍野怒放的红杜鹃、白杜鹃，真的是杜鹃之交响。

另一处是云南香格里拉碧塔海的杜鹃花，它们比九嶷山的杜鹃开得晚些，要在5月开花。碧塔海藏在香格里拉深处，一围群山，四处草甸，漫天清澈得像母亲怀抱那高原特有的天光云色，将碧塔海衬托得分外幽静而神秘。碧塔海周围遍布杜鹃花林，高原的红杜鹃，开得烂漫如火，似乎因为离着太阳近，把灿烂的阳光都吸收进花蕊里面，每一朵都红得像是要破裂得流淌下红色的汁液来，更是特别粗犷妖冶，肆无忌惮。

山野的风吹来，成片的杜鹃花约好了似的，飞流直下三千尺的瀑布一样飘落进碧塔海中，红艳艳一片，一天霞光云锦般地漂浮在水面

上,燃烧的血一样荡漾。这时,会有成群的鱼闻香扑面游来,像是奔赴一年一次的情人约会而浩浩荡荡,争先恐后,那一份浪漫的豪情,如同高原上掠过的长风,一泻千里,无遮无拦。高原的鱼和花真是一样的秉性,也是豪放得很,唧唧着小嘴,贪婪地吞吃杜鹃花瓣,如同高原贪杯的汉子一样,不喝得一醉方休不会放下酒杯,吞吃杜鹃花瓣的鱼,便成群成片地醉倒,漂浮在碧塔海之上,成为高原最美丽的一景。当地人称之为"杜鹃醉鱼"。那种粗犷之中蕴含的平原湖泊中难得的浪漫,首先得益于红杜鹃托风传媒,慷慨地举身赴清池的浪漫,方才与鱼相得益彰,如此风情万种,将碧塔海变成红塔海,让人叹为观止。

如果九嶷山的杜鹃是壮丽的杜鹃,碧塔海的杜鹃是浪漫的杜鹃。

如果九嶷山的杜鹃属于神话,碧塔海的杜鹃属于童话。

"庄生晓梦迷蝴蝶,望帝春心托杜鹃。"李商隐把杜鹃写成殷切的思念。"杜鹃啼血猿哀鸣。"白居易把杜鹃写成悲切的呼唤。

杜鹃鸟总是与哀伤相连,而杜鹃花则与浪漫相系。

无论是娥皇和女英的香泪,还是为舜帝而寄托的哀思,都将白色杜鹃花染上了浪漫主义色彩,让人们在无限美好的想象中赋予杜鹃花以种种含义。

杜鹃花的美艳是有目共睹的。成片的杜鹃花或烂漫如火、热情娇媚,或洁白如雪、风情万种。壮美的花魂、神秘的花语撩人心弦,引人遐思。

水之经典

　　世上丽水秀水晶莹之水清澈之水恢宏之水浩瀚之水，多得是。但在我看来，极富个性、最值得看的是这两处：都江堰和九寨沟。

　　看都江堰的水，看的是强悍奔腾的水如何层层叠叠化为生命的涓涓细流。飞奔如兽、桀骜不驯的岷江水，经过都江堰，立刻将仰天长啸变为喃喃细吟，将浪涛如山变为珍珠四溢，将凶猛如火变为柔情万缕……出宝瓶口流入内江，立刻呈现一派水光潋滟的情景，让人叹为观止，看到水的柔劲、可塑和万难不屈、长流不懈的生命活力。那是一种将绚烂归于平淡，将刚劲寓于柔顺，将一时融于永恒的生命。

　　都江堰看水，看的是水如何从天上流入人间，如何从神话流入现实，如何将自己化为一种哺育人类、灌溉庄园的生命。都江堰的水，是一种入世的现实的水。

　　李冰的都江堰名垂千古，功劳在于他知道水可载舟亦可覆舟这看似浅显的道理。水的两重性，比之人的多重性，他认识得还要透彻深刻。他或许对

付不了人的多变纷纭，一辈子只当个蜀中郡守；却能对付水，把疯狂的水引入现实，一直绵绵流淌了两千多年。

曾在成都看国际熊猫节开幕式的演出，演李冰父子治水一幕，满场旌旗飘扬、战鼓如雷，让李冰父子率领众人杀败龙王恶神，我实在不以为然。这种善恶之斗、人鬼之争的简单演绎，把李冰父子变成了神。其实，恰恰是李冰父子将水从不可治理不可理喻的神化为同芸芸众生一样的，在现实中浇灌着农田，在平凡土地上存活的生命。

看九寨沟的水，看的是宁静、恬淡的水如何凝聚成生命的湖泊。镜海、长海、珍珠滩……每一个湖泊都是那样清澄透明、纤尘不染，让人如同看到教堂里洗礼用的圣洁露水，如同听到教堂里管风琴演奏的圣母颂，让人懂得并真真地看到人世间居然有纯洁透彻的净，就在这里远避尘嚣而静静地存在。

那水几乎一动不动，任外面的世界如何纷繁变幻，将污染、噪音连同人心泛起的种种污浊的泡沫一起抛向天空和大地，它独自坚持着自己的贞操，不动丝毫涟漪，不染丝毫尘俗，将水底的虬枝沉木、水藻水锦，将天上的薄云丽日、山岚清风，将身旁的雪峰幽谷、古树老藤……——映在自己的怀中，映得那么明净、幽深、清冽。因为它的洗涤，所有这一切，都显得比本身还要清纯与洁净，如同脱胎换骨一般，玉洁冰清，重塑了自己一番。尘世沾惹的市俗庸俗、风骚矫情、浪声虚名、欲火利海……起码不敢在这里抖擞，而被这水洗却大半。

  九寨沟看水,看的是水如何从人间流向天上,如何从现实流向童话,如何将自己化为一种启迪人类、净化心灵的艺术。九寨沟的水,是一种出世的艺术的水。

  看都江堰和九寨沟的水,给人以完全不同的感觉。在现实中找不准自己的位置,便会蹉跎生命;沉靡现实而背弃心灵、抛掷精神、亵渎纯洁,不懂得一点点现实永远不会给予而只有艺术才能焕发和唤回的浪漫与童话的情怀,便会麻木了生命而只剩下一个蝉蜕一样的空壳。心,因缺少水的滋润,会成为一片荒芜的沙漠。

  在现实与艺术之间,在物质与精神之间,人总是矛盾着、跌撞着,顾此失彼而永远找不到连接两者之间的直线或弧线。大概这正是人类永远苦恼困惑的原因。而都江堰和九寨沟的水,分别给予人类一面镜子。

  谁也无法离开水,纵使我们可以离开摩天大楼、豪华别墅,可以放弃汽车电话、电视电影,抛下各种欲望,我们无法离开水。只是要看我们需要的究竟是哪一种水。我们选择着水,水也在选择着我们。

  九寨沟和都江堰是水之经典。

写作提示
景物的对应和对比

一个景怎么写（一）——对应法

对比写事和写人，写景更难。起码在我看来，写景更容易落入俗套。那些我们自己经历的事和接触的人，毕竟属于我们自己，别人无法重复。而那些景，客观存在那里不知多少年月，越是有名的景，就越是早已经不知被多少人写过、写滥。你觉得自己写得不错，却很可能是在嚼别人嚼过的剩馍。

写景还有一个难处，在于很容易被旅游手册上面的介绍带入沟里。如今网上关于景的介绍很多，键盘一点，得来轻而易举，却也容易陈陈相因，写成旅游手册的翻版。

警惕这样两点，是写好关于景的文章的前提。所以，一般在写景的文章之前，我都会很警惕，不敢轻易下笔。

这里介绍一种方法，可以供初学写作的同学们参考，那便是对应法。所谓对应法，指的是不要只写景的一处，那样很难写好、写活、写新，而是要找到不同景中彼此相联系、相呼应、相对应的东西，这样相互照应，帮衬着写，一般会事半功倍。就像俗话说的那样，一个好汉三个帮，一个帐篷三个桩。写景，可以写三个对应，但最好是找到两个对应即可，那样更方便来写，多了，容易拌蒜，自己给自己添乱。

德天瀑布，是横跨中国和越南的两道瀑布，枯水季节，它们彼此会分离；水大的时候，两条瀑布合而为一。文章找到它们相互呼应和对应的东西，再拟人化。这样下笔就容易一些，也就容易和别人所写的拉开一点距离。

一个景怎么写（二）——对比法

　　如果想别开蹊径，可带来另一处景，与之对比来写，这是另一种做法，同学们可以试一试。这种方法的好处，在于把景一分为二，等于开阔了你的视野，扩大了你作文的场地，便于你施展拳脚，而且，还可以避免就一处景说一处景的单调，解决有些同学常常出现的觉得说着说着就无话可说的困惑。

　　我写《杜鹃 杜鹃》，是去了九嶷山之后。那里的杜鹃非常有名，漫山遍野地开放，也非常有气势，同时因为舜帝与娥皇女英的古老传说而增添它的悠悠古韵。一般同学，容易就这样一路写下来，看，此地杜鹃花开的气势、名气和传说，三个段落，统统围绕着杜鹃，既突出了中心，又有分明的层次感，不是非常好的写法吗？只是，我觉得这样写，可能会写得比较顺，但很容易与别人写的雷同。因为这三个层次，我看到了，别人也会看到的。都这样轻车熟路去写，便造成文章的千篇一律。

　　于是，我拉来了另一处景——云南香格里拉碧塔海的杜鹃。之所以拉来它，是因为两者之间既有相同之处，又有不同之处。文章因有了这样的对比，就好做了一些，因为比较两者的同与不同，就会更有话说。而且，这样的话，是属于你自己比较中的发现与感悟，和别人不会雷同。

　　具体来看，同九嶷山的杜鹃相同的，是这一处的杜鹃一样的有名，一样开放得有气势；不同的，是这一处的杜鹃没有九嶷山的古老传说，但它有一点又恰恰是九嶷山的杜鹃所没有的，那便是它的"杜鹃醉鱼"，这一点的不同，就成为文章的重点，重点描写这一大自然的壮观景象"杜鹃醉鱼"，和九嶷山在传说衬托下那满山红白杜鹃怒放的交响那样大自

然壮观的对比，便让文章有了彼此的对比和相互贯穿的气息，有了和别人稍稍不一样的底气。

　　有了对比，像有了一个靶位，文章就有了准星，集中而好写一些。这样的写法，可以使得文章新颖一些，避免写景文章中常常会出现的那种词汇堆砌的毛病。

状物抒情

第 4 堂课

4

Lesson 4

那片绿绿的爬山虎

1963年,我上初三,写了一篇作文叫《一张画像》,经我的语文老师推荐,在北京市少年儿童征文比赛中获了奖。

一天,语文老师拿着一个厚厚的大本子对我说:"你的作文要印成书了,你知道是谁替你修改的吗?"我睁大了眼睛,有些莫名其妙。"是叶圣陶先生!"老师将那大本子递给我,又说:"你看看叶老先生修改得多么仔细,你可以从中学到不少东西。"

我打开本子一看,里面有这次征文比赛获奖的20篇作文。翻到我的那篇作文,我一下子愣住了:映入眼帘的是红色的修改符号和改动后增添的小字,密密麻麻,几页纸上到处是红色的圈、钩或直线、曲线。

回到家,我仔细看了几遍叶老先生对我作文的修改。题目《一张画像》改成《一幅画像》,我立刻感到用字的准确性。类似这样的修改很多,长句断成短句的地方也不少。有一处,我记得十分清楚:"怎么你把包几何课本的书皮去掉了呢?"叶老先生改成:"怎么你把几何课本的包书纸去掉了呢?"

删掉原句中"包"这个动词，使得句子干净了也规范了。而且"书皮"改成"包书纸"更确切，因为书皮可以认为是书的封面。我虽然未见叶老先生的面，却从他的批改中感受到他的认真、平和以及温暖，如春风拂面。

叶老先生在我的作文后面写了一则简短的评语：这一篇作文写的全是具体事实，从具体事实中透露出对王老师的敬爱。肖复兴同学如果没有在这几件有关画画的事上深受感动，就不能写得这样亲切自然。这则短短的评语，树立了我写作的信心。

这一年暑假，语文老师找到我，说："叶圣陶先生要请你到他家做客。"我感到意外。像叶圣陶先生那样的大作家，居然要见一个初中生！

那天下午，天气很好。我来到叶老先生住的四合院。刚进里院，一墙绿葱葱的爬山虎扑入眼帘。夏日的燥热仿佛一下子减少了许多，阳光都变成绿色的，像温柔的小精灵一样在上面跳跃着，闪烁着迷离的光点。

叶老先生见了我，像会见大人一样同我握了握手，一下子让我觉得距离缩短不少。

我们的交谈很融洽，仿佛我不是小孩，而是大人，一个他的老朋友。他亲切之中蕴含的认真，质朴之中包含的期待，把我小小的心融化了，以至不知黄昏的到来。落日的余晖染红窗棂，院里那一墙的爬山虎，绿得沉郁，如同一片浓浓的湖水，映在客厅的玻璃窗上，不停地摇曳着，显得虎虎有生气。

我非常庆幸，自己第一次见到作家，竟是这样一位人品与作品都堪称楷模的大作家。他跟我的谈话，让我好像知道了或者模模糊糊懂得了：作家就是这样做的，作家的作品就是这么写的。我15岁时的那个夏天意义非凡。在我的眼前，那片爬山虎总是那么绿着。

重读《那片绿绿的爬山虎》——肖复兴的12堂写作课

佛手之香

那个星期天,我在潘家园旧货市场外面的街上,买了一个佛手。那时,这条街和市场里面一样的热闹,摆满了小摊,其中一个小摊卖的就是佛手。卖货的是个山东妇女,十几个大小不一有青有黄的佛手,浑身疙疙瘩瘩的,躺在她脚前的一个竹篮里,百无聊赖的样子,像伸出来长短不一粗细不均的枝杈来勾引人们的注意。很多人不认识这玩意儿,路过这里都问问这是什么呀,这么难看?扭头就走了,没有人买。我买了一个黄中带绿的大佛手,她很高兴,便宜了我两块钱,说我是大老远从山东带来的,谁知道你们北京人不认!

这东西好长时间没有在北京卖了。记得上一次见到它,起码是四十多年前了。那时,我还在读中学,是春节前,在街上买回一个,个头儿没有这个大,但小巧玲珑,长得比这个秀气。那时,父母都还健在,把它放在柜子上,像供奉小小的一尊佛,满屋飘香。

我不知道佛手能不能称之为水果。它可以吃,记得那时我偷偷掐下它的一小角,皮的味道像橘子皮,肉没有橘子好吃,发酸发苦,很涩。那时,我查过词典，说它是枸橼的变种，初夏时开上白下紫两种颜色的小花，冬天结果，但果实变形，像是过于饱满炸开了，裂成如今这般模样。它的用途很多，可以入药，可以泡酒，也可以做成蜜饯。那时我买的那个佛手没有摆到过年，就被父亲泡酒了，母亲一再埋怨父亲，说是摆到过年，多喜兴呀。

　　以后，我在唐花坞和植物园里看到过佛手，但都是盆栽的，很袖珍，只是看花一样赏景的。插队北大荒时，每次回北京探亲结束都要去六必居买咸菜带走，好度过北大荒没有青菜的漫长冬春两季，在六必居我见过腌制的佛手，不过，已经切成片，变成了酱黄色，看不出一点儿佛指如仙的样子了。

　　我们中国人很会给水果起名字，我以为起得最好的便是佛手了，它不仅最象形，而且最具有超尘拔俗的境界。它伸出的权权，确实像佛手，只有佛的手指才会这样如兰花瓣宛转修长，曲折中有这样的韵致。敦煌壁画中那些端坐于莲花座上和飞天于彩云间的各式佛的手指，果真和它几分相似。前不久看到了残疾人艺术团表演的千手观音，那伸展自如风姿绰约的金色手指，确实能够让人把它们和佛手联系在一起。我买的这个佛手，回家后细细数了数，一共二十四支手指。我不知道一般佛手长多少佛指，我猜想，二十四支，除了和千手观音比，它应该不算少了。

　　我把它放在卧室里，没有想到它会如此的香。特别是它身上的绿色完全变黄的时候，香味弥漫了整个卧室，甚至长上了翅膀似的，飞出我的卧室，每当我从外面回来，刚刚打开房间的门，香味就像家里有条宠物狗扑了过来一样，毛茸茸的感觉，萦绕在身旁。我相信世界上所有的水果都没有它这种独特的香味。在水果里，只有菲律宾的菠萝才可以和它相比，但那种菠萝香味清新倒是清新，没有它的浓郁；有的水果，倒是很浓郁，比如榴莲，却有些浓郁得刺鼻。它的香味，真的是少一分则欠缺，多一分则过了界，拿捏得那样恰到好处，仿佛妙手天成，是上天的赐予，称它为佛手，确为得天独厚，别无二致，只有天国境界，才会有如此如梵乐清音一般的香味。西方是将亨德尔宗教色彩浓郁的清唱剧《弥赛亚》中那段清澈透明、高蹈如云的《哈利路亚》，视为天国的国歌的，我想我们东方可以把佛手之香，称之为天国之香的。这样说，也许并非没有道理，过去文字中常见珠玉成诗，兰露滋香；我想，香与花的供奉是佛教的一种虔诚的仪式，那种仪式中所供奉的香所散发的香味，大概就是这样的吧？《金刚经》里所说的处处花香散出的香味大概也就是这样的吧？

它的香味那样持久，也是我始料未及。一个多月过去了，房间里还是香飘不断，可以说没有一朵花的香味能够存留得如此长久，越是花香浓郁的花，凋零得越快，香味便也随之玉殒色残了。它却还像当初一样，依旧香如故。但看看它的皮，已经从青绿到鹅黄到柠檬黄到芥末黄到土黄，到如今黄中带黑的斑斑点点了，而且，它的皮已经发干发皱，萎缩了，像是瘦筋筋的，只剩下了皮包骨。想想刚买回它时那丰满妖娆的样子，我感到的却不是美人迟暮的感觉，而是和日子一起变老的沧桑。

它已经老了，却还是把香味散发给我，虽然没有最初那样浓郁了，依然那样的清新沁人。那一刻，我忽然觉得它老得像母亲。是的，我想起了母亲，四十多年前，我第一次见到佛手的时候，母亲还不老。

青木瓜之味

大约是四年前初春的一个星期天下午，我去邮局发信。邮局离我家不远，过了马路，走两三分钟就到了。就在要到邮局的时候，一个年轻的女子和我擦肩而过。忽然，她停住脚步，回头看了我一眼，那眼神很亲近，也有些意外的惊奇，仿佛认出了一个熟人而与之意外相逢。那眼神闹得我以为真碰见了什么熟人，便也禁不住停住脚步，看了她一眼：年龄不大，也就二十出头，模样清爽，中等身材，瘦瘦的。看她的装扮，初春时节还穿着一件臃肿的棉衣，就猜得出是一个外地人，大概是打工妹。我仔细地想了想，从来没有见过这么个人，她肯定是认错人了。于是，我暗笑自己的自作多情，向邮局走去。

我走了没几步，她从后面跑了过来，跑到我的面前。这让我很吃惊，不知碰见了什么人。只听见她用南方人那种绵软的声音仔细而小心翼翼地问我："你是不是肖复兴老师？"我越发惊讶，她居然叫出了我的名字，木讷地站在那里，近乎机械地点了点头。

她一下子显得很兴奋，接着说："刚才你迎面向我走来，我看着你就像。

我读中学的时候就看过你写的书,你和书上的照片很像。真没有想到怎么这么巧,今天在这里遇见了你!"

原来是一位读者,大概她这番热情的话,很能够满足我的虚荣心,尤其是听她说她喜欢我写的一些东西,特别是说她读中学的时候读我写的东西对她有帮助,一直忘不了……我就像小学生爱听表扬似的,立刻有些发晕,找不着北了,站在街头和她聊了起来,一任身边车水马龙,喧嚣不已。

从她那话语中,我渐渐地听明白了,她从小在南方农村长大,中学毕业,她没有考上大学,家里生活困难,就跟着乡亲来到了北京打工。她住的地方离我家不算太远,要走半个小时左右,今天星期天休息,她是刚刚到邮局给家里寄钱,并发一封平安家信。虽是萍水相逢,只是些家常话,却让我感到她是在掏心窝子,一下子竟有些感动,没有想到只是写了一些平常的东西,却能够让心拉近,距离缩短,心里想也应该说是如今没有什么用处的文学的一点特殊功能吧。于是,我进一步犯晕,沿着斜坡继续顺溜下滑,不知对她的热情如何回报似的,竟然指着对面我家住的楼对她说:"我家就住在那里,你有空,欢迎你到我家做客。"说着把地址写给了她。她高兴地说:"太好了,我一定去。"

回到家后,我就把这件意外相逢的事情当作喜帖子,向家里的人讲了,不想立刻遭到全家一盆冷水浇头，纷纷说我："你以为你遇到知己呢，别是个骗子吧？""可不是，现在骗子可多着呢。你可别忘了狐狸说几句赞扬的话，是为了骗乌鸦嘴里的肉。""什么？你把咱家的地址告诉人家了？你傻不傻呀，你就等着人家上门找你头上来骗你吧！""要真是找上门来，骗几个钱倒没什么，可别出别的事。"

一下子，说得我发懵，一再回忆街头和那个年轻女子的相遇和交谈，不像是个狐狸似的骗子啊。再说，她肯定是读过我写的书，要不也说不出书名，并且能够对照着书上的照片认出我来呀。但家里的人说得也没有错，谁也不会把骗子两个字写在脑门上，高明的骗子现在越来越多，防不胜防。这么一想，心里连连后悔，而且不禁有些发虚，嘲笑自己如此可笑，禁不住两碗迷魂汤一灌，就如此容易轻信上当，真是百无一用是书生。一连多天，都有些提心吊胆，怕房门真被敲响，开门一看，是这个年轻的女子登门拜访，后果不可收拾，不堪设想。

好在一连几天过去了，都平安无事。

时间一长，这件事情渐渐淡忘了，偶尔提起，被家人当作笑话嘲笑我一番。我心里想，即使不是骗子，只是街头的一次巧遇或萍水相逢，被人家两句过年话一说就信以为真，即使人家不骗你，没准还怕你骗人家呢。

将近一年过去了，春节过后，我们全家从天津孩子的姥姥家过完年回家，刚上电梯，开电梯的老太太对我说："你先等我一会儿，前两天有人来找你，你没在家，把带来的东西放在我这里了。"开电梯的老太太是个热心人，住在楼里的人要是不在家，来人送的信件报纸或其他的东西，都放在她这里。她家就住在楼下，不一会儿，就拿来一包用废纸包着的东西。回家打开一看，是两个青青的木瓜。木瓜的旁边有一张小纸条，上面写着两行字，大概意思是：你还记得吗？我就是那天在邮局前和你相遇的人。我一直想来看你，工作太忙了，一直没时间。我过年回家带给你两个木瓜，是我家自己种的，只是一点心意，祝你写出更多更好的作品。下面没有写下她的名字，只是写着：一个你的读者。

全家都愣在那里，谁都说不出一句话来。

我永远也不会忘记这个年轻而真诚的女子，不会忘记这件事情，不会忘记这两个木瓜。总记得切开木瓜时的样子，别看皮那样青，里面却是红红的，格外鲜艳，特别是那独有的清香味道，在房间里飘荡着，好多天没散去。

胡杨树

我从来没有见过这样的树。我完全被它惊呆、慑服,为它心潮澎湃而热血沸腾。真的,平淡的生活中,很难有这样的人与事,让我能够如此激动以至血液中腾起炽烈的火焰,更别说司空见惯的被污染的大气层玷污得灰蒙蒙的树了。这样的树却让我精神一振,一下子涌出生命本有的那种铺天卷地摧枯拉朽的力量来。

这便是胡杨树!

这样的树只有在这大漠荒原中,才能够见到。站在清冽而奔腾的塔里木河河畔,纵目眺望南北两岸莽莽苍苍的胡杨林,我的心中感受到一种从未有过的震撼,如同那汹涌的河水冲击着我的心房。

塔里木河两岸各自纵深四十余公里,是胡杨的领地。前后一片绿色,与包围着它的浓重的浑黄做着动人心魄的对比。这一片浓重的颜色波动着,翻涌着,连天铺地,是这里最为醒目的风景线。

真的,只要看见这样的树,其他的树都太孱弱渺小了。都说银杏树古老,一树金黄的小扇子扇着不尽的悠悠古风,能比得上胡杨吗?一亿三千五百万年前,胡杨就生存在这个地球上了。都说松柏苍翠,经风霜不凋如叶针般坚贞不屈,能比得上胡杨吗?胡杨不畏严寒酷暑,不怕风沙干旱,活着不死一千年,死后不倒一千年,倒地不烂又一千年。松柏抵得上它这三千年如此顽强的生命力和宁折不弯、宁死不朽的性格吗?更不要说纤纤如丝摇弯了腰肢的杨柳;一抹胭脂红取媚于春风的桃李;不敢见一片冰冷雪花的柠檬桉;不能离开温柔水乡的老榕树……

胡杨!只有胡杨挺立在塔里木河河畔,四十公里方阵一般,横岭出世,威风凛凛。无风时,它们在阳光下岿然不动,肃穆超然犹如静禅,仪态

万千犹如根雕——世上永远难以匹敌的如此巨大苍莽而诡谲的根雕。它们静观世上风云变化,日落日出,将无限心事埋在心底。它们每一棵树都是一首经得住咀嚼和思考的无言诗!

劲风掠过时,它们纷披的枝条抖动着,如同金戈铁马呼啸而来,如同惊涛骇浪翻卷而来。它们狂放不羁在啸叫,它们让世界看到的是男儿心是英雄气是泼墨如云的大手笔,是世上穿戴越来越花哨却越来越难遮掩单薄的人们所久违的一种力量,一种精神!

远处望去,它们显得粗糙,近乎凡·高笔下的矿工速写和罗中立笔下的父亲皱纹斑斑的脸。但它们都苍浑而凝重,遒劲而突兀,每一棵树都犹如从奥林匹亚山擎着火把向你奔来的古希腊男子汉。

走近处看,每一棵树的树皮都皴裂着粗粗大大的口子,那是岁月的标记,是风沙的纪念,如同漂洋过海探险归来的航船,桅杆和风帆上挂满千疮百孔,每一处疤痕都是一枚携风挟雷的奖章。每一棵树的树干都扭曲着,如同剽悍的弓箭手拉开强劲的弓弩,绷开一身赤铜色凸起饱绽的肌肉。每一棵的树枝都旋风般直指天空,如同喷吐出的蛇信,摇曳升腾的绿色火焰。

这样的树,饱经沧桑,参悟人生。它们把最深沉的情感埋在根底,把最坚定的信念写在枝条,把要倾吐的一切付与飞沙走石与日月星辰。这样的树,永远不会和大都市用旋转喷水龙头浇灌的树、豪华宴会厅中被修剪得平整犹如女人刚剪过发的树雷同。

我会永远珍惜并景仰这种树!我摘下几片胡杨树叶带回北京,那是儿子专门嘱咐我带给他的。树叶很小,上面有许多褐色斑点,如同锈的痕迹,比柳树叶还要窄、短,甚至丑陋。但儿子说北京没有这种树。是的,北京没有。

写作提示
状物抒情有机融合

一个物怎么写（一）——物和人的关系

  状物，是自古以来写作的一个项目，写物的文章不胜枚举，贾平凹的《丑石》、韩少功的《蠢树》，可做同学们写物的范本来学习。状物，如同绘画中的素描一样，是初学写作的基本功。

  状物，物是笔墨的落点，却不是写作的目的。以前常说的一句话是"状物抒情"，说的是情在物中的位置和作用。其实，抒情也并不是状物的唯一目的。状物，在我看来，还是要从物中写出一个人或一群人甚至一代人、一个民族的性情来。所以，古时屈原最愿意以香花美草来喻人喻己。物便是自然界人的化身。

  明白了状物的这一个根本性的目的，写之前就会知道，状物之前的观察物，需要细致，观察到别人没有发现的细微而独特的部分，是必要的；却不仅仅只从物本身出发，而要联系观物者自己的真心情和真性情，观物就是观自己，物是人的一面镜子；状物便能够沿着物与人共同的情感和性格走向，抵达文章的目的地。

  鲁迅先生的《风筝》，在状物风筝的时候，融入了自己真切的感情。鲁迅笔下的风筝这一物，比实际生活中天上飘飞的风筝本身，其形象与意义更为丰富，这是值得我们学习的一个范本。

  以《佛手之香》为例，如何具体描写佛手，并不难，只要将你观察到的联想到的写出来就是。难的是对佛手具体描写之后，落点在哪里？所谓古人说状物抒情的"情"在哪里？所说的言外之意的"意"在哪里？只是写佛手的好看好吃好玩，这样的美物如今已经少见了，然后感慨几句美最易于流失，再抒发我们对它以及一切美好的事物应该更加珍爱之情就够了吗？这成为我落笔之前最需要思考的问题。显然，我不满足于这样对佛手的认知与表达。

这篇文章写了两部分内容，前半部分写佛手之事，后半部分写佛手之香。

　　如果只是如现在文章前半部分所写的那样，写买佛手，写佛手奇特的样子，写佛手的相关知识，写以前第一次买佛手回家的情景，写曾经和佛手亲密接触的经历……那文章会很平常，流于一般化。即便在具体写佛手的时候，写了敦煌壁画中端坐于莲花座上和飞天于彩云间的各式佛的手指，写了残疾人艺术团表演的千手观音舞蹈中的金色手指，充其量只是运用了联想的方法而已，只是佛手的延伸和扩容。

　　这些带有叙事性的描写都是需要的，它会让人觉得你并不是刻意描写佛手，而是像聊家常一样，让人感到佛手和人的亲近和亲切，佛手和人是合而为一的。但是，这样的叙述还有一个重要的目的，便是把文章的主旨隐藏起来。在这里，把最重要的部分，像肉埋在饭里一样，埋在这样平易的叙述中，不显山显水，等着文章最后的呼应。

　　文章的后半部分，点落在了题目"佛手之香"的香味上面。这是一般以点带面的写法，是对佛手进一步深入的写法。

　　但是，如果只是写了其具体而独特的香味，用了宠物狗瞬间扑将过来的比喻，用了菠萝和榴莲的对比，用了亨德尔的音乐和《金刚经》的联想，然后，到此为止的话，只能说是把佛手之香写得比较生动和丰富，却依然没有跳出就事说事的框框。

　　但是，这些具体描写佛手之香的文字，还是非常需要的，只是它还不是文章的终点，它只是为了抵达终点必要的过渡和铺垫。紧接着，我写了佛手香味渐渐变淡，而它的皮肉渐渐沧桑变老的一大段。这一大段，至关重要。这是亲身的感受。我发现，佛手真的和人一样，有自己的从幼到老的生命过程。这个过程在我的眼前经历，让我感慨，让我对佛手有了切肤的感情。这样的感情和感慨，把文章引向深入的一层。于是，有了最后一段，由佛手变老还是把香味散发给我，让我想起了年老的母亲。同时，和前面第一次买佛手回家呼应，"四十多年前，我第一次见到佛手的时候，母亲还不老"。

　　在这里，老与不老，既是母亲也是佛手的对应和呼应，是物的生命与人的生命的对应和呼应。佛手便不再只是佛手，母亲也不再只是母亲。所谓看山不是山，看水不是水，才是状物的最高境界。

一个物怎么写（二）——主题和思想的体现

如何将物尤其是司空见惯的物，写得别致而新颖，同时由此及彼能够让人生发出几分思考来，也就是说，既可看，又可品；既能写得有点意思，又能写得有点意义。是我最近在写这样一类文章时最费琢磨的事情。

这一次来美国，因为是在印第安纳州，这个州是美国一大农业州，所以看到很多田野，在田野里看到很多早已废弃的陈年旧谷仓，非常有意思，是在别处尤其是我们国家很少见到的景物。它们多少年了，就立在那里，没有任何用途，却没有被拆除，成了田野的一笔。我知道写它的有意思的地方在哪里，却不知道写它的意义在哪里。

后来，我在居住的小区里发现居然也有一座这样的旧谷仓，庞然大物，占据了很多的土地。这让我感到非常奇怪，这在我们国家的城市里是绝对见不到的景观，哪里会把一座早就废弃的破旧谷仓，还留在寸土寸金的小区里呢？房产商带着推土机早就把它拆除，盖起商品楼来了。但是，这里的人们没有把它移除，为什么呢？为什么还保留着它，让它占据了那样多可以转换为金钱的使用面积，和人们相安无事，而且还相看两不厌呢？我没有想好，还是没敢轻易动笔。

再后来，我去了一个叫新希望的小镇，看到了一座旧谷仓被改造成了一个剧场，成为当地一个地标式的建筑，并不是以前我以为的，旧谷仓一点用处也没有，只是当成怀旧的一种旧物借此寄托情感。这似乎又不仅仅属于废物利用，这种农村和城市的对接，历史和现代的交织，象征和实用的错位，让我耳目一新，比我以前对谷仓的认知和想象要丰富了许多。但是，我依然没敢下笔。

这样，一个旧谷仓，在田野，在社区，在小镇，让我有了三次的起伏，对它的认知和理解有了层层递进式的进展。之所以没敢下笔的原因，在于我还没有找到能够串联起，或者说是穿透这三次看到不同类型的旧谷仓的东西。也就是说，还缺少画龙点睛的东西。

在这里，我认为主题和思想是一个问题的两个侧面，它们是相互关联的，却又不能简单等同于一回事。主题是属于文章的，是落实在文章中最后的体现；而思想则是属于

作者的，是写文章之前的酝酿和思考。这是有前后之别的，不可混为一谈。而且，后者是先于前者，并重于前者的。

因此，穿透文章的思想的过程，其实就是对文章素材认识与理解的过程，是需要一些时间的，就像一锅肉骨头，需要时间的炖煮，才可以熟烂而成为美食，其所散发出来的香味，便是文章的主题。文章主题的最后提炼，是文章思想寻找过程中最后呈现的结果，需要一点耐心，才会在有时候不期而遇，在突然之间迸发出灿烂之花。

这个旧谷仓一直在我的眼前晃，在我的心里动。我非常想写它，但我劝自己沉住气，桃子还没有熟，熟透了，自然就会怦然落地。一直到有一天，我去芝加哥的美术馆，看到美国著名画家查尔斯·希勒的一幅油画，画的就是我已经看过无数的乡间旧谷仓，尤其是看到了画框旁边的白色纸片上印着画作名字中那个"谷仓"的英文字母的时候，心里竟然有些激动，仿佛他乡遇故知，我一直等着的就是这幅油画。这幅油画上的谷仓，和我以前在生活中见到的谷仓，重叠在一起，迸发出了火花。我站在那里，看了许久，一直到美术馆快要关门。我知道，桃子终于熟了，思想不期而至，一下子贯穿并穿透了以前三次我看到不同类型的旧谷仓。我可以动笔了。

希勒的画，让我惊叹并惭愧地看到了，美国人是将物化为了感情和精神，让谷仓成为一种艺术品，表现出的是美国人对谷仓的深厚感情。这就是文章最后写的："任何一个民族，都有属于并寄托自己民族情感的乡间物品，就像荷兰的风车，就像我们水边的石磨和屋檐下垂挂的蒜瓣或红辣椒。"

我们初学写作时需要记住，单纯就物写物，永远不会写好，因为这样的写法只会将我们自己的心一并物化。如果人为地替物先设置主题，也很难写好，因为我们没有真正从物中发现和人相呼应的东西，或者发现了却没有化为鲜活的思想，穿透我们要写的物，物便还是死的，没有真正地活起来。

第 5 堂课

一本书怎么读

Lesson 5

吴小如和德彪西

读吴小如先生的学生编写的《学者吴小如》一书，最过目难忘的是小如先生的冰雪精神，赤子之心。书中特别提及其少作对名家以及他的老师的评点，直言不讳，率真而激扬，真是令人格外感喟。因为面对今日文坛红包派发、商业操作的见多不怪的吹捧文章，这样的文字，几成绝响。

看他批评钱钟书："一向就好炫才。"说钱虽才气为多数人望尘莫及，但给读者"最深的印象却是'虚矫'和'狂傲'"。他批评萧乾的《人生采访》文字修饰功夫"总嫌他不够扎实"。他批评师陀的《果园城》"精神变了质"："失败的症结不在于讽刺或谴责，而在于过分夸张——讽刺成了谩骂，谴责成了攻讦。"他批评巴金的《还魂草》拖泥带水，牵强生硬，"一百多页的文字终难免有铺陈敷衍之嫌"。

就是自己的老师，他的批评一样不留情面，敢于指手画脚。比如对沈从文的《湘西》等篇，他说道："格局狭隘一点，气象不够巍峨。""作者的笔总还及不上柳子厚的山水记那样遒劲，更无论格古情新的《水经注》了。"

对于废名,他直陈不喜欢《桃园》,因为"没有把道载好","即以'道'的本身论,也单纯得那么脆弱,非'浅'即'俗'。"

这让我禁不住想起法国音乐家德彪西。2012年,是小如先生90岁寿,是德彪西诞辰150周年。两位年龄相差整60岁一个甲子的人,直率的性格以及对待艺术的态度,竟然如出一辙,遥相呼应,相似得互为镜像。

年轻时的德彪西,一样的指点江山,激扬文字,粪土当年万户侯。他说贝多芬的音乐只是"黑加白的配方";莫扎特只是"可以偶尔一听的古董";他说勃拉姆斯"太陈旧,毫无新意";说柴可夫斯基的"伤感太幼稚浅薄";而在他前面曾经辉煌一世的瓦格纳,他认为不过是"多色油灰的均匀涂抹",嘲讽他的音乐"犹如披着沉重的铁甲迈着一摇一摆的鹅步";而在他之后的理查·施特劳斯,他则认为是"逼真自然主义的庸俗模仿";比他年长几岁的格里格,他更是不屑一顾地讥讽格里格的音乐纤弱不过是"塞进雪花粉红色的甜品"……他口出狂言,雨打芭蕉,几乎横扫一大片,肆意地颠覆着以往的一切,他甚至这样口出狂言道:"贝多芬之后的交响曲,未免都是多此一举。""过去的尘土不那么受人尊重!"

有意思的是,无论小如先生,还是德彪西,这样直率甚至尖刻的批评,当时并没有惹得那些已经逝去的大师们的拥趸者,和依然健在的被批评者火冒三丈,或是急不可耐地反批评,或者带着嘲笑的口吻说其"愤青"一言以蔽之。这种对于年轻人的宽容,既体现了那些学人作家与艺术家的宅心宽厚,也说明那时的文化氛围,如当时的大气与河流少受污染。这是一种文化的生态环境,在这样的环境中,作家、艺术家与批评家,万类霜天竞自由,能够一起相得益彰地成长。

于是，小如先生以年轻时对前辈与老师直率的批评，和对艺术与学问的真诚态度，步入他以后长达半个多世纪之久的学问之门。德彪西也是这样，打着"印象派"大旗，以其革新的精神，创造了欧洲以往从来没有的属于他自己的音乐语言。在他32岁创作出《牧神的午后》时，法国当代著名作曲家皮埃尔·布列兹，就曾经高度评价并预示："正像现代诗歌无疑扎根于波特莱尔的一些诗歌，现代音乐是被德彪西的《牧神的午后》唤醒的。"

说起那些少作，小如先生说自己是"天真淳朴的锐气"。燕祥说他是"世故不多，历来如此"。天真和世故，是人生与学问坐标系中对应的两极。我想，这应该就是小如先生的老师朱自清所说过的那种"没有层叠的历史所造成的单纯"吧。学者也好，文人也罢，如今这种单纯已经越发稀薄，而世故却随历史的层叠，尘埋网封，如老茧日渐磨厚磨钝。自然，如小如先生和德彪西年轻时的那种"天真淳朴的锐气"，也就早已经刀枪入库，只成为了可以迎风怀想的老照片。

但是，我一直以为，小如先生也好，德彪西也罢，他们年轻时的那种"天真淳朴的锐气"，其实更是一种如今文坛和学界所匮乏的精神。有了这种精神存在，文人之文，学者之学，才有筋骨，也才有世俗遮蔽下独出机杼的发现和富于活力的发展。

小如先生曾经说过这样的一段话："再有些人，虽说一知半解，却抱了收藏名人字画的态度，对学问和艺术，总是欠郑重或忠实。"对于今天的学术、艺术，或作家与作品，这段话依然有警醒的意义。对待上述的一切，我们很多时候确实是"抱着收藏名人字画的态度"，有些谦卑，有些妄想，有些世故，有些揣在自己心里的小九九，便有些欲言又止，有些顾左右而言他，有些违心的过年话，有些成心的奉承话，甚至有些膝盖发软，有些仰人鼻息，只是没有一点脸红。

冬夜重读史铁生

史铁生是去年年底①离开我们的。今年这个时候，我的弟弟离开了我。在这种时候，别的书都看不下去，唯有铁生的书常常忍不住地翻看。我是把他们都当作自己的兄弟，十指连心的疼痛，弥漫在纸页间。

在《我与地坛》的开篇中，铁生先是这样写了一段地坛的景物："四百多年里，它一面剥蚀了古殿檐头浮夸的琉璃，淡褪了门壁上炫耀的朱红，坍圮了一段段高墙又散落了玉砌雕栏，祭坛四周的老柏树愈见苍幽，到处的野草荒藤也都茂盛得自在坦荡。"然后，他紧接着说："这时候想必是我该来了。"

他来了。他去了，又来了。每一次读到这里，我都格外心动。总觉得像电影一样，在地坛颓败而静谧的空镜头之后，他摇着轮椅出场了。或者，恰如定音鼓响彻在寂静的地坛古园里一样，将悠扬的回音荡漾在我的心里，注定了他与地坛命中契合难舍的关系。当代作家中，哪一位有如此一个和自己撕心裂肺打断了骨头连着筋的特定场景，从而使得一个普通的场景具有了文

---

① 注：史铁生于2010年12月31日逝世。

学和人生超拔的意义,而成为了一个独特的意象?就像陆放翁的沈园,就像鲁迅的百草园,就像约翰·列侬的草莓园,就像凡·高的阿尔。

我想起我的弟弟,17岁独自去了青海油田,在他临终前嘱咐家人一定要把他的骨灰撒回柴达木。我庆幸,他和铁生一样都能魂归其所,而不像我们很多人神不守舍,魂无所依。

在史铁生的作品里,母亲是一个最动人和感人的形象。母亲49岁的时候过早地离开了人世后,在《我与地坛》中,有这样两段描写。

一段是——"摇着轮椅在园中慢慢走,又是雾罩的清晨,又是骄阳高照的白昼,我只想着一件事:母亲已经不在了。在老柏树旁停下,在草地上在颓墙边停下,又是处处虫鸣的午后,又是鸟儿归巢的傍晚,我心里只默念着一句话:可是母亲已经不在了。把椅背放倒,躺下,似睡非睡挨到日没,坐起来,心神恍惚,呆呆地直坐到古祭坛上落满黑暗然后再渐渐浮起月光,心里才有点儿明白:母亲已经不能再来这园中找我了。"

一段是——"有一年,十月的风又翻动起安详的落叶,我在园中读书,听见两个散步的老人说:'没想到这园子有这么大。'我放下书,想,这么大一座园子,要在其中找到她的儿子,母亲走过了多少焦灼的路。多年来我头一次意识到,这园中不单是处处有过我的车辙,有过我车辙的地方也都有过母亲的脚印。"

后一段,体现了铁生的心地的敏感,从两个散步老人的一句简单而普通的话语里,涌出对母亲由衷的感恩和悔恨之情。敏感的前提,是善感。也就是说,是海绵才有可能吸附水分,水泥板花岗岩,哪怕是再华丽的水磨石方砖,是无法吸附水分的,而只能让哪怕再晶莹剔透的水珠凭空流逝。缺乏这样善感的心地与真情,使得不少写作成为搭积木和变魔术的技术活儿,或者化妆舞会上和摆满座签的领奖席上花红柳绿的邀宠或争宠般的热闹。

前一段,排比句式的景物中几次慨叹:"可是母亲已经不在了。"都会让我心沉重。在这样重复的喟然长叹中,那些景物:老柏树、草地的颓墙、虫鸣的午后、鸟儿归巢的傍晚,以及古祭坛上的黑暗与月光,才一一都有了意义,这意义便是这一切附着上母亲的身影。因此,可以说,地坛是史铁生的,也是母亲的,因有这样的一位母亲而让地坛具有带有伤感无奈却又坚韧伟大

的别样情怀。

每次读到这里,我都会忍不住想起铁生在他的《记忆与印象》中的《一个人形空白》里的一段:"我双腿瘫痪后悄悄地学写作,母亲知道了,跟我说:她年轻时的理想也是写作。这样说时,我见她脸上的笑……那样惭愧地张望四周,看窗上的夕阳,看院中的老海棠树。但老海棠树已经枯死,枝干上爬满豆蔓,开着单薄的豆花。"

如今,重读这一段,我想起铁生,也想起他的母亲,窗上的夕阳,枯死的老海棠树,老海棠树枝干上爬满的豆蔓,开着单薄的豆花,便一下子都成为了母亲那一刻百感交集又无法诉说的心情与感情的对应物,好像它们就是为了衬托母亲的心情与感情,故意立在院子里,帮助铁生点石成金。这是怎样的一位母亲呀,可以这样说,是母亲的悲惨命运和与生俱来的气质与情怀,造就了作家的史铁生。我坚定地认为,没有母亲,便没有史铁生的地坛。

忍不住,也想起我的母亲。母亲走得太早,那一年,我5岁,而弟弟才2岁。穿着孝服,我牵着弟弟的手站在院子里,院子里没有海棠树,没有豆蔓和豆花,只有一株老槐树落满一地槐花。

由生活具象而思考为带有哲理性的抽象,是铁生愿意做的,也是铁生作品的魅力，更是和我们一般写作者的区别，如同真正的大海一步迈过了貌似精致却雕琢的蘑菇泳池。他便从一己的命运扩大为更为轩豁的世界，而使得他的作品融有了思想的含量，不像我们的一样轻飘飘、甜腻腻，或皮相的花里胡哨。他爱说人间戏剧，而不是像我们那样自恋得只会舔自己的尾巴、弄自己的发型、扭自己的腰身和新书的腰封。

在《想念地坛》这则文章里，铁生想念地坛里的那些老柏树，他从它们"历无数春秋寒暑依旧镇定自若，不为流光掠影所迷"中，将其品质出人意料地抽象为"柔弱"。他进而说："柔弱是爱者的独信。""柔弱，是信者仰慕神恩的心情，静聆神命的姿态。"他说："倘若那老柏树无风自摇岂不可怕？要是野草长得比树还高，八成是发生了核泄漏——听说切尔诺贝利附近有这现象。"

由老柏树的"柔弱"，他写到世风的喧嚣，他说："惟柔弱是爱愿的识别，正如放弃是喧嚣的解剂。"之所以由"柔弱"写到"喧嚣"，还是要写地坛，因为地坛曾经可以是销蚀喧嚣回归宁静的一块宝地，一个解剂——"我说的是当年的地坛。"他特意补充道。

我不知道弟弟执着地梦回青海的柴达木，是否还是当年他17岁时的柴达木。我只知道他和铁生所说的"柔弱"一样，敏感而坚信，唯有那里是"爱愿的识别"，是"喧嚣的解剂"。

在《想念地坛》最后，铁生写道："靠想念去迈过它，只要一迈过它便有清纯之气扑面而来。我已不在地坛，地坛在我。"这两句话，特别是最后一句"我已不在地坛，地坛在我"，如一只沉稳的铁锚，将地坛如一艘古船一样牢牢地停泊在新时期文学的岸边，也将思念深深埋在我的心里。

写作提示
找出真正触动自己的地方

一本书怎么读——读后感写作的新意方法一种

读后感有不同的写法,首先在于有不同的读法。我强调读后感的写作,有两点需要注意的,一是"读"是第一位的,同时强调"读"和"感"的相互作用,不要把"感"和"读"像吃香蕉那样皮肉完全剥离。二是不要贪多,越少越容易集中,越集中越好写,最好是只谈书中的一点。

以《吴小如和德彪西》为例。吴小如先生是北京大学的教授,我读《学者吴小如》一书时,对他了解不多,这本书全方位地介绍了他的学术生涯和为师为人的品格与性格,读来如观灿烂的花开一路逶迤而来,展现了吴小如先生的一生。书中有一点格外打我,掩卷而难忘,便是年轻时他对当时很多名家和他的老师直言不讳又一针见血的批评。这些人,如钱钟书、萧乾、沈从文等,都是赫赫有名的大家呀。这样的举动与言说,在今天看来简直无法想象。所以,让我很是感慨,所以难忘。

因为我喜欢音乐,其中喜欢法国音乐家德彪西,读过德彪西的传记。记得传记中记述德彪西年轻时曾经毫不留情地批评一些音乐大家,如贝多芬、莫扎特、勃拉姆斯、柴可夫斯基等人。便把吴小如先生和德彪西联系在了一起。他们对所谓大师或大家们毫不畏惧、出于真心,却又是格外尖锐的批评,有异曲同工之妙。尽管,一个属于文学,一个属于音乐,但其本质是一样的,其心地和眼光是一样的。

想起了德彪西是非常重要的。如果没有想起德彪西,这篇读后感便无法写成。即使勉强写出,也会只是就书论书,缺乏新意。有了德彪西的对应,便使得我所读的吴小如先生有了立体感,我所写的读后感也就有了形象,而避免了空洞,同时也避免了就事论事的一般化,多少会有了与别人的读后感不一样的一点新意。

我讲过写记叙文时需要对应和对比，其实，论说文也一样，所有的文体本质是一样的，方法也可以彼此借鉴交叉运用。在这篇读后感里，德彪西并不是横空出世，也不是完全的巧合，和吴小如先生竟然如此的彼此遥相呼应，而是客观真实的存在，只是需要我们在平常读书时发现。而且，并不是在需要读《学者吴小如》时，早已经有一本德彪西的传记放在你的面前，就等着你去拿他和吴小如先生作对比和呼应，而是在你平常读书的时候，就需要注意，需要积累，方才可以融会贯通，得心应手，找到可以作对比和呼应的内容。

　　这里所说的积累，其实是老生常谈。读书，本身就是一种知识和经验的积累，但是，有不少人读了很多的书，按说积累的东西不少，为什么写起读后感却依然缺少从这本书到另一本书的内在跳跃与贯穿，就像从列车或轮船的自由随意而灵动的换乘，而容易总是在一本书上就地打转呢？牛津大学教授约翰·凯里在谈到读书的时候，强调需要想象力和创造力，特别是创造力的培养。他指出，读书就像弹奏钢琴，演奏的曲子不是自己创作的，但演奏的效果却是属于自己的，读书的过程，和弹奏钢琴的过程是一样的。所以，他说："读者就像钢琴家一样，所做的是一件极具创造力的工作。"而这种创造力，正是读书最需要培养的能力。只有有了这样的能力，才可以将书读成一池活水，横竖相通，手到擒来，启心致力，为我所用。

第 6 堂课

一出戏怎么看

Lesson 6

寻找贝多芬

那是一个时而晴朗,时而飘着雪花的三月,我在维也纳默默地寻找贝多芬。即使在维也纳,贝多芬也是很难找到的,虽然他从1793年11月就到了"德意志音乐的首都"维也纳;在那里生活了35年,乔迁过30个寓所,而且,几乎他所有的重要作品都是在维也纳完成的。1827年3月26日,"他在大风雨中,在大风雪中,在一声响雷中,咽了最后一口气。一只陌生的手替他阖上了眼睛。"(罗曼·罗兰《贝多芬传》)那所宅第就坐落在黑色西班牙街上,一百多年来,一直保留为贝多芬纪念馆。但我在黑色西班牙街听到的是最后一个低沉的音符,看到的是一个凝固了一百多年的悲剧的终场。却没有看到贝多芬,没有!

在贝多芬的忌日那天,我走进维也纳森林的海伦娜山谷,过了一座湍急溪流上的小桥,就是人们说的"贝多芬小路"了。路两旁堆积着去年的黄叶……树枝上刚刚有些绿意,小路旁边竖有一块绿色的牌子,上面写了一段贝多芬1815年的日记:"恍惚大地上的每一棵绿树都在向我述说,神圣啊!神圣!森林里的一切都让人心旷神怡。谁能把这一切用语言来表达?森林里的甜蜜和静谧……"罗曼·罗兰证实：他的"耳朵完全聋了。从1815年秋天起，他和人们只有笔上的往来"。可他竟然还能听见大自然和自己的对话！多么神奇啊！我相信，他一定能听见大自然的语言，因为大自然的语言是神明的语言。否则，人类的损失就太大、太大了！在离开地面约两米的粗糙的峭壁上，雕刻着青年贝多芬的半身像。路旁有一块贝多芬经常歇息的岩石。这时，我真正找到了贝多芬！听到和看到了他！我悄悄地坐在贝多芬的身边。他的右手轻轻地敲击了一下岩石，神秘的LA—MI的和声从天而降。在他整个灵魂的领域里，轰然出现一个D小调的动机，这个动机带着他回顾了自己痛苦的一生。我看见，阳光落在他那饱满的前额上，很快就移去了，留下的是淡淡的愁云。雪花落在他的眼窝里，很快就融化了，留下的是浅浅的泪痕，接着，林中一只对春天最敏感的小鸟啼鸣起来，引出一段春天的牧歌。之后，热切的和平祈求与无奈的人生惆怅交替出现，号角声像是渐近，又像是渐远，最后，美妙的合唱在大提琴的带领下升起。唱的是什么？他全神贯注地倾听着：是席勒的《欢乐颂》！对！是的！"拥抱吧，千万生民！把吻送给全球，"欢乐和爱是一体，是分裂着的人类的永恒的渴望。但在器乐和声中，不是理想地体现了人类的融合么！——贝多芬一跃而起，一路看着、听着、欣赏着，携带着他所创造的美丽欢乐的新世界，回到自己的住所，当晚他在谱纸上绘出了海伦娜山谷里的 个辉煌的白日梦——那就是伟大的《第九交响乐》。

重访草莓园

到纽约总要去中央公园,因为那里有约翰·列侬的草莓园。今年是列侬逝世30周年,就更要来了。上次来,是四年前的春天,这一次,是秋天了。人生四季的轮回,叶子绿了又黄,黄了又绿,无论卑小的个人,还是偌大的世界,都在发生着变化,草莓园却依然故我,和四年前见到的没什么两样,就像听他生前唱的那些歌一样,依然动听如昨,没有走音跑调。

我爱听列侬的歌,他并不像有些歌手只会咀嚼个人的那些风花雪月的小感情,他那种对于世界的关注,只有鲍勃·迪伦能够和他比肩。他不是那种社论式的大气磅礴,而是他独特的诗人式的关注,完全跳出一般流行歌手的范畴。我们的一般流行歌手有时也唱些这样宏观的歌曲,却只是把它们当作公益歌曲或晚会歌曲来唱唱罢了,那种别人替他们编好的词和曲调,千人一面般的相似,完全可以把这首歌的歌词或旋律同另外一首歌随意置换。列侬不是这样的,他总是能及时而准确地把握住时代的脉搏,唱出他自己的那一份感情,对这个世界做出他独特的发言。

最喜欢的是《想象》，在过于现实的生活里，想象早已经被磨钝，锈蚀成了一块铁疙瘩，还有比列侬更能让我们感受到想象能如气球一样载我们飞升进天空的吗？虽然这首歌有些浪漫和乌托邦，但他对世界和平统一的向往，让你无法不感动，感动他的真诚的同时，感慨我们有些歌手的浅薄和贫乏。你会感到列侬一步就迈过了那种浅薄却装点得豪华如同游泳场里的蘑菇池，而走向那样宽阔的水域，立刻有一种潮平两岸阔、风正一帆悬的感觉。

那一连串激流直泻的排比，是他对你我这样普通百姓的直抒胸臆："想象这里没有天堂，这很简单，如果你想试试的话。我们的下面也没有地狱，我们的上面只有天空。想象所有的人民，只为今天的和平生活；想象没有国家，想象没有杀戮，想象没有牺牲，想象没有宗教，这一切并不难做到。想象没有占有没有贪婪没有饥饿四海之内皆兄弟……你可以说我是做梦的人，但我不是唯一的一个，我希望有一天你能加入进来，那么世界就能变成一个。"真的，什么时候听，什么时候都会被感动。

草莓园，并没有草莓，只是一个直径三米多的圆圈，彩砖铺地，一条条放射线铺展开来，很有些动感。圆心中写着IMAGINE，这就是约翰·列侬那首著名歌曲《想象》的名字。

这是当初纽约市政府出资100万美元修建的，近看如一个硕大的花环；远看像一滴垂落的泪珠。如此敬重地对待一位摇滚歌手的城市，让我想起英国的利物浦。10年前利物浦机场改名为约翰·列侬机场，成为了当时的一则新闻，因为用名人的名字命名机场的有不少，用一位摇滚歌手的名字命名，利物浦机场是头一个也是迄今唯一的一个。列侬出生在这座城市，当年是一个失去了父亲又接着失去了母亲的无助孤儿，他组织披头士乐队时，没有地方演出，只好在码头附近的低级小酒馆去卖唱。利物浦用这种方式表达对他的敬意，也表达对他曾经冷漠的歉意。这是一座有文化的城市应有的文化自觉和艺术气质。

秋意正浓，中央公园里的树已经开始变色，色彩缤纷，如同围绕着圆圆的草莓园的那些不同肤色的人。大家像是围绕着正在唱歌的列侬，轻声说着来自世界各地的语言，表达着对他的敬意。这一天，多了一个中国人，在心里对他说，很多中国的歌迷也喜欢你的歌。

禁不住又想起了他的《想象》："想象所有的人民，只为今天的和平生活；想象没有国家，想象没有杀戮，想象没有牺牲……"如今谁来为我们重唱这样动人的歌？

草莓园紧挨着公园出口，从这里抬头向公园出口望去，就可以望到达克塔公寓的高楼，当年列侬就住在那里。推开正对着公园的那扇窗，列侬常常站在那里眺望公园。30年过去了，那扇窗口前再也无法出现他的身影。

草莓园，曾经是列侬家乡利物浦的一块童年梦想之地。那一年，姨妈带着他到那里看演出，是他看到的第一场歌唱演唱会。正是那块草莓园让他迷上了音乐。1967年，他唱了第一首自己创作的《永恒的草莓园》。

他用他的生命和歌声换来了一座如今的草莓园。

肖邦之夜

四季之夜，秋夜在北京最美。去年北京的秋夜，因有一夜是傅聪演奏的"肖邦之夜"，更是平添了一分难得的美丽与温馨。

音乐并非与北京无缘。北京有无数的夜晚，歌吹乐喧，有的是"迪斯科"和伪摇滚，也不乏酒吧的靡靡之音，还有大街上劣质音箱里迸发出的燥热的电子乐声。只是没有肖邦，肖邦似乎在遥远的巴黎或者华沙。

是傅聪为我们带来了肖邦，从异国他乡，从夜的深处。

傅聪走上台来，一件黑色的燕尾服，和18年前回国演奏时好像没什么两样。他的手指还是那样的美，虽然缠着绷带，却依然柔若无骨，触动琴键时连琴键也变得柔软得如一匹黑白相间的丝绸。我坐在楼上的第一排，他的手指看得格外清楚，清风临水一般掠过琴键，那美妙的琴声便像是荡漾起一圈圈清澈动人的涟漪，偌大的剧场和我的心都被这琴声抚摸得有些湿润了。

看傅聪坐在钢琴前弹奏，让我不禁想起了柏辽兹当年看肖邦在钢琴前演奏时曾经说过的话："他变成了一位诗人，歌颂着自己幻想中的主人公奥西安式的爱情和骑士风度的功勋,歌唱着他遥远的祖国。"在我眼中,傅聪和肖邦在钢琴旁叠印着,融为一体。想想他和肖邦共同的身世,萍飘絮泊,浪迹天涯,便越会体味出柏辽兹话中的滋味。

说实话,傅聪带来的肖邦的钢琴曲,我有许多的遗憾。我并不大想听肖邦的前奏曲,虽然才华横溢,但怎么也脱不出练习曲的痕迹,是太小的小品。而我想听的那些情爱缠绵、美丽而忧郁的夜曲,他此次并未演奏,比如被誉

为"抒情诗篇"的升F大调和降D大调夜曲。但他毕竟为我们带来了那样动听的、明朗而宁静的降B小调、降E大调夜曲,凝神谛听,琴里关山,梦中明月。还有他年轻时弹奏、得到了肖邦钢琴比赛大奖而就此走向世界的、他最拿手的玛祖卡……这就够了,因为它们毕竟都是玲珑剔透的诗。在一个枫树已不再那样火红、银杏已不再那样金黄的"污染"严重的季节,在一个包括音乐在内的文化世界变得王纲解体却王旗频变的季节,一颗赤子之心尚存,一粒诗的种子尚存,不仅保护得那样好,还能让它绽放出如此美丽清新的花朵来,已是实属不易之事了。

是的,"肖邦之夜"并非抒情之夜。那样,就误会了肖邦,也误会了傅聪。听肖邦,确实能听出美丽与缠绵;但的确也能听出断鸿声远、天涯望尽,听出万里寒烟、一片冰心,听出心律如歌、思念似海……

演出结束了,大家拼命地为他鼓掌,他双手抱在胸前深深地向大家鞠躬。

那晚的夜色真好,好像真的滤掉了许多喧嚣和浊热,好像真的充溢着几分宁静和沉思,好像真的在路的远方、在夜的深处有关切的呼唤和等待……是因为有这美妙的琴声,像花香一样弥散在夜色之中;是因为有"肖邦"向我们走来,用那有些冰凉却柔软的手指,用那善感的心和美好的音乐,将夜色和我们一起拥抱。我知道以后会有许许多多的夜晚在等待着我们,但肖邦之夜并不会多。许多的美好,就是这样的短暂易逝,却会长久地印在我们的生命里。

回家的路上,肖邦渐远。起风了,吹起的尘埃飘荡在秋日的夜空,与落叶同飞。

写作提示
一出戏怎么看

观后感写作中的联想

　　看戏看电影看电视或看其他艺术形式的演出，已经成为我们现代生活的一部分。这方面的观后感，也成为了学习和爱好写作的同学的一门必修课。观后感写作的意义，不仅在于写作本身，更在于艺术的滋养和熏陶以及鉴赏能力的培养，对于我们自身成长的作用，是非常需要和重要的。所以，无论现在我作为作者对自己，还是当年我作为一名教师对学生，观后感的训练，都是极其必要的一课。

　　如何写好观后感？在我看来，观后感，比读后感更难写一些。因为写读后感，书是摆在那里的，读一遍不行，可以再读一遍，写的时候，还可以把书放在身边，随手再翻一遍。写观后感不行，戏之类的任何演出，都是一次性、即时性的，转瞬即过，一般而言（除非买回录像的碟片），不可像书一样重新翻页的。因此，观后感的写作，要求我们要更具敏感性和时过境迁之后的反刍能力。所谓敏感，是指能够在观赏艺术演出时迅速捕捉到演出那灵光一闪的能力；反刍，是指事后对演出由此及彼的反思的能力。这样两种能力的要求，无形中让观后感的写作难度加大，却也让观后感的写作充满挑战的乐趣。

　　另外，在观后感的写作中，引用的作用也是至关重要的。借助引用，不仅可以加强论述的说服力和理论性，同时可以增加文章的灵动性和可看性。引用材料的寻找和获取，需要颇费一番工夫，翻阅查找很多资料，请教一些人。写作的过程，常常是你付出多少，就会收获多少。

观后感写作中的引用

看戏,一般我会看重戏的有意思和有意义的两个方面。有意思,属于戏的艺术性方面;有意义,属于戏的思想性方面。将这两个方面一起来谈,是如今观后感常用的方法。其实这样的观后感写法,面面俱到,却往往容易面面不到,受篇幅的限制,只能点到为止,容易流于浮泛。

我写观后感,一般不采取这样的方法,而常常只抓一点而放开其余,目的就是为了集中好写。

另外,在观后感的写作中,引用的作用是至关重要的。借助引用,不仅可以加强论述的说服力和理论性,同时可以增加文章的灵动性和可看性。引用材料的寻找和获取,需要颇费一番功夫,翻阅查找很多材料,请教一些人,多读一些书。但是,写作的过程,常常是你付出了多少,就会收获多少。

第 7 堂课

文章如何开头

7

Lesson 7

聪明只是一张漂亮的糖纸

儿子小铁上初二的时候,有一天下午我和他妈妈出门,问他去不去,他摇摇头,一人闷在家里。晚上,我们回到家,他问我:"你发现咱家有什么变化吗?"我望了四周,一切如故,似乎没什么变化。他不甘心,又问:"你再仔细看看。"我还是没有发现什么蛛丝马迹,倒是他妈妈眼尖,洗脸时一下子看见脸盆和脸盆旁边的水管上贴着小纸条,纸条上写着它们名字的英文。

我这才发现屋子里几乎所有的地方,柜子、书桌、房门、厨房、暖气、音响、书架……上面都贴着小纸条,纸条上面都用英文写着它们的名字。一张张小纸条剪得大小一样,都是手指一般窄长形的,不仔细看还真不容易看到。他很得意地望着我笑。不用说,这是他一下午的结果。我表扬了他。

那一年,他对外语突然感了兴趣。他就是这样开始他的外语学习的。他所付出的努力一般是在家里,是默默的。

所以,在许多人夸奖小铁聪明时,我的虚荣心当然得到满足,但是我其实是很清楚的,孩子是以他的刻苦方式取得他应有的成绩的。

第7堂课　文章如何开头

有时候，他很贪玩，读中学时最迷恋的是NBA篮球，哪怕考试再忙，每晚的电视只要有NBA的比赛，必看不误，你怎么说他，他也是雷打不动。为此，我和他发生过冲突，弄得他哭着对我说："我什么时候因为看NBA把功课耽误了？我现在看电视耽误的时间，我会安排时间补过来。"

现在，他读大学了，时间更紧张了，偶尔回家一趟，或是陪他妈妈逛商店，或是陪我聊聊天，其实都是很耽误他的时间的。我知道我们大人的时间显得越来越慵散了，但他正是忙的时候。而且，我发现我变得爱唠叨了，也许好不容易看到孩子回家一趟，总想和他多说说话，便缺少节制，而他变得懂事了许多，从来没有不耐烦过，总是放下手中的书本，听我说不完地说。听我说完之后，他会对他妈妈开句玩笑："妈，你看我爸又耽误了我的时间，我得晚睡几个小时了。"

有一次，他让我帮助他买盏应急灯，说晚上一过11点，宿舍就熄灯了。我劝他少熬夜，他说同学都这样，每个人的床上都有一盏应急灯。应急灯要是妨碍同学了，他会骑上车跑出校园，到学校边的24小时营业的永和豆浆店，买点吃的，一坐就到半夜或是一个通宵。

虽然，我不赞成他熬夜，但我赞成他必须这样付出刻苦努力的代价。在智商方面，孩子之间的差别不是很大的，聪明只是一张漂亮的糖纸，外表可能闪闪发光挺好看，但包裹在里面的东西才是最重要的，这重要的东西就是刻苦。

年轻时去远方漂泊

寒假的时候,儿子从美国发来一封E-mail,告诉我利用这个假期,他要开车从他所在的北方出发到南方去,并画出了一共要穿越11个州的路线图。刚刚出发的第三天,他在德克萨斯州的首府奥斯汀打来电话,兴奋地对我说这里有写过《最后一片叶子》的作家欧·亨利博物馆,而在昨天经过孟菲斯城时,他参谒了摇滚歌星猫王的故居。

我羡慕他,也支持他,年轻时就应该去远方漂泊。漂泊,会让他见识到他没有见到过的东西,让他的人生半径像水一样蔓延得更宽更远。

我想起有一年初春的深夜,我独自一人在西柏林火车站等候换乘的火车,寂静的站台上只有寥落的几个候车的人,其中一个像是中国人,我走过去一问,果然是,他是来接人。我们闲谈起来,知道了他是从天津大学毕业到这里学电子的留学生。他说了这样的一句话,虽然已经过去了十多年,我依然记忆犹新:"我刚到柏林的时候,兜里只剩下了10美元。"就是怀揣着仅仅的10美元,他也敢于出来闯荡,我猜想得到他为此所付出的代价,异国他乡,举目无亲，餐风宿露，漂泊是他的命运，也成了他的性格。

我也想起我自己，比儿子还要小的年纪，驱车北上，跑到了北大荒。自然吃了不少的苦，北大荒的"大烟炮儿"一刮，就先给了我一个下马威，天寒地冻，路远心迷，仿佛已经到了天外，漂泊的心如同断线的风筝，不知会飘落到哪里。但是，它让我见识到了那么多的痛苦与残酷的同时，也让我触摸到了那么多美好的乡情与故人，而这一切不仅谱就了我当初青春的谱线，也成了我今天难忘的回忆。

没错，年轻时心不安分，不知天高地厚，想入非非，把远方想象得那样好，才敢于外出漂泊。而漂泊不是旅游，肯定是要付出代价的，品尝人生的多一些滋味，也绝不是如同冬天坐在暖烘烘的星巴克里啜饮咖啡的一种味道。但是，也只有年轻时才有可能去漂泊。漂泊，需要勇气，也需要年轻的身体和想象力，便收获了只有在年轻时才能够拥有的收获，和以后你年老时的回忆。人的一生，如果真的有什么事情叫作无愧无悔的话，在我看来，就是你的童年有游戏的欢乐，你的青春有漂泊的经历，你的老年有难忘的回忆。

一辈子总是待在舒适的温室里，再是宝鼎香浮，锦衣玉食，也会弱不禁风，消化不良的；一辈子总是离不开家的一步之遥，再是严父慈母、娇妻美妾，也会目短光浅，膝软面薄的。青春时节，更不应该将自己的心锚一样过早地沉入窄小而琐碎的泥沼里，沉船一样跌倒在温柔之乡，在网络的虚拟中和在甜蜜蜜的小巢中，酿造自己龙须面一样细腻而细长的日子，消耗着自己的生命，让自己未老先衰变成一只蜗牛，只能够在雨后的瞬间从沉重的躯壳里探出头来，望一眼灰蒙蒙的天空，便以为天空只是那样的大，那样的脏兮兮。

青春，就应该像是春天里的蒲公英，即使力气单薄、个头又小，还没有

第7堂课 文章如何开头

能力长出飞天的翅膀，借着风力也要吹向远方；哪怕是飘落在你所不知道的地方，也要去闯一闯未开垦的处女地。这样，你才会知道世界不再只是一扇好看的玻璃房，你才会看见眼前不再只是一堵堵心的墙。你也才能够品味出，日子不再只是白日里没完没了的堵车、夜晚时没完没了的电视剧和家里不断升级的鸡吵鹅叫、单位里波澜不惊的明争暗斗。

尽人皆知的意大利探险家马可·波罗，17岁就曾经随其父亲和叔叔远行到小亚细亚，21岁独自一人漂泊整个中国。美国著名的航海家库克船长，21岁在北海的航程中第一次实现了他野心勃勃的漂泊梦。奥地利的音乐家舒伯特，20岁那年离开家乡，开始了他维也纳的贫寒的艺术漂泊。我国的徐霞客，22岁开始了他历尽艰险的漂泊，行万里路，读万卷书……当然，我还可以举出如今被称为"北漂一族"——那些生活在北京农村简陋住所的人们，也都是在年轻的时候开始了他们的最初漂泊。年轻，就是漂泊的资本，是漂泊的通行证，是漂泊的护身符。而漂泊，则是年轻的梦的张扬，是年轻的心的开放，是年轻的处女作的书写。那么，哪怕那漂泊是如同舒伯特的《冬之旅》一样，茫茫一片，天地悠悠，前无来路，后无归途，铺就着未曾料到的艰辛与磨难，也是值得去尝试一下的。

我想起泰戈尔在《新月集》里写过的诗句："只要他肯把他的船借给我，我就给它安装一百只桨，扬起五个或六个或七个布帆来。我决不把它驾驶到愚蠢的市场上去……我将带我的朋友阿细和我做伴。我们要快快乐乐地航行于仙人世界里的七个大海和十三条河道。我将在绝早的晨光里张帆航行。中午，你正在池塘洗澡的时候，我们将在一个陌生的国王的国土上了。"那么，就把自己放逐一次吧，就借来别人的船张帆出发吧，就别到愚蠢的市场去，而先去漂泊远航吧。只有年轻时去远方漂泊，才会拥有这样充满泰戈尔童话般的经历和收益，那不仅是他书写在心灵中的诗句，也是你镌刻在生命里的年轮。

拥你入睡

儿子上初一以后，忽然一下子长大了。换内裤，要躲在被子里换；洗澡，再也不用妈妈帮助洗，连我帮他搓搓后背都不用了。

我知道，儿子长大了，像日子一样无可奈何地长大了。原来拥有的天然的肌肤之亲和无所顾忌的亲昵，都被儿子这长大拉开了距离，变得有些羞涩了。任何事物都有一些失去，才有一些得到吧？

有一天下午，儿子复习功课，累了，在我的床上看电视。实在是太累，刚看了一会儿眼皮就打架了。他忽然翻了一个身，倚在我的怀里，让我搂着他睡上一觉，迷迷糊糊中嘱咐我一句："一小时后叫我，我还得复习呢！"

我有些受宠若惊。许久许久，儿子没有这种亲昵的动作了。以前，就是一早睡醒了，他还要光着小屁股钻进你的被窝里，和你腻乎腻乎。现在，让你搂着他像搂着只小猫一样入睡，简直是天方夜谭了。

莫非懵懵懂懂中，睡意蒙眬中，儿子一下子失去了现实，跌进了逝去的童年，记忆深处掀起了清新动人的一角？让他情不由己地拾蘑菇一样拾起他现在并不是想拒绝的往日温馨？

儿子确实像小猫一样睡在我的怀里。均匀的呼吸，胸脯和鼻翼轻轻起伏着，像春天小河里升起又降落的暖洋洋的气泡。

我想起他小时候，妈妈上班，家又拥挤，他在一边玩，我在一边写东西，玩着玩腻了，他要喊："爸爸，你什么时候写完呀？陪我玩玩不行吗？"我说："快啦！快啦！"却永远快不了，心和笔被拽走得远远的。他等不及了，就跑过来跳在我的怀里带有几分央求的口吻说："爸爸！我不捣乱，我就坐这儿，看你写行吗？"我怎么能说不行？已经把儿子孤零零地抛到一边，寂寞了那么长时光！我搂着他，腾出一只手接着写。

那时候，好多东西都是这样搂着儿子写出来的。他给我安详，给我亲情，给我灵感。他一点儿也不闹，一句话也不讲，就那么安安静静倚在我的怀里，像落在我身上的一只小鸟，看我写，仿佛看懂了我写的那些或哭或笑或哭笑交加的故事。其实，那时他认识不了几个字。有好几次，他倚在我的怀里睡着了，睡得那么香那么甜，我都没有发现……

以后我常常想起那段艰辛却温馨的写作日子，想起儿子倚在我怀中小鸟一样静谧睡着的情景。我觉得我的那些东西里有儿子的影子、呼吸，甚至睡着之后做的那些个灿若星花的梦境……

儿子长大了。纵使我又写了很多比那时要好的故事，却再也寻不回那时的感觉、那一份梦境。因为儿子再不会像鸟儿一样蹦上你的枝头，那么纯真天籁般倚在你的怀里睡着了。

如今，儿子居然缩小了一圈，岁月居然回溯几年。他倚在我的怀里睡得那么香甜、恬静。我的胳膊被他枕麻了，我不敢动，我怕弄醒他，我知道这样的机会不会很多甚至不会再有,我要珍惜。我格外小心翼翼地拥着他,像拥着一支又轻又软又薄又透明的羽毛,生怕稍稍一失手,羽毛就会袅袅飞去……

并不是我太娇贵儿子,实在是他不会轻易地让你拥他入睡。他已经长大,嘴唇上方已经展起一层细细的绒毛,喉结也已经像要啄破壳的小鸟一样在蠕动。用不了多久,他会长得比我还要高,这张床将伸不开他的四肢……

蓦地，我忽然想起儿子小时候曾经抄过的诗人傅天琳的一首诗，其中有这样几句：

> 你在梦中呼唤我呼唤我
> 孩子你是要我和你一起到公园去
> 我守候你从滑梯上一次次摔下
> 一次次摔下你一次次长高
> 如果有一天你梦中不再呼唤妈妈
> 而呼唤一个陌生的年轻的名字
> 那是妈妈的期待妈妈的期待
> 妈妈的期待是惊喜和忧伤

我禁不住望望儿子，他睡得那么沉稳，没有梦话，我不知他在睡梦中此刻是不是在呼唤着我？我却知道会有这么一天，拥他入睡的再不是我，而在他的睡梦中更会"呼唤一个陌生的年轻的名字"。亲爱的儿子，那将如诗人所写的，是爸爸的期待，爸爸的期待是惊喜又是忧伤。哦，我亲爱的儿子，你懂吗？此刻的睡梦中，你梦见爸爸这一份温馨而矛盾的心思了吗？……

一个小时过去了，我没有舍得叫醒儿子。

生日的翅膀

儿子提出今年的生日不在家里过,要自己和同学们一起过。

十六次生日,他都是在家里和我和他妈一起过的,第一次,他要离开家,离开我和他妈妈,自己去过了。

儿子小的时候,都是我和他的妈妈给他过的生日。那是我们仿照安徒生的做法,是我从书上选来的。安徒生曾经在一个叫作犹特拉金的林区住过一段时间,他为林务区长七岁的小姑娘过生日的方法很独特:他在林子里每一棵蘑菇下藏着一件小东西,或是一块包着银纸的糖果,或是一枚别致的顶针,或是一条丝带、一个红枣。在小姑娘生日的那天清早,他把小姑娘带来到林子里,告诉她:"我送你的生日礼物就在这林子里,你去找吧!"当小姑娘从那蘑菇底下找到这些神奇的礼物时,可以想见是多么惊喜万分。

我和儿子的妈妈在他生日的那一天,也是这样买来一些巧克力、泡泡糖、书、笔、小玩具一些零零碎碎的东西,分别藏在房间的每个角落:被褥下、枕头旁、书柜间、沙发垫底,乃至他自己的小书包里……我不拥有犹特拉金那一葱茏的森林,也无法寻找那一簇簇肥硕鲜美的蘑菇,我拥有的只有如同安徒生一样童话般的心。我希望儿子一样拥有这样童话般的心,让他接受的生日礼物染上童话般的色彩。

儿子在房间的各个角落里找到这些生日礼物时,和林务区长七岁的小姑娘一样惊喜万分。虽然,这些小东西都不值什么钱,而且都是孩子司空见惯的,但他觉得比生日蛋糕等任何礼物都要兴趣盎然、新奇有趣。那些充满安徒生童话氛围的生日,给儿子也给全家带来多少欢乐。那时,老奶奶还在世,望着孩子找到生日礼物兴奋跳跃的样子,老脸乐成一朵金丝菊……每年快到儿子生日的时候,是全家最高兴的时候,儿子盼望,全家人也在盼望,它给全家带来平日难得的温馨。

这种依样画葫芦的方法,一直用到儿子上中学。那曾是我们颇为骄傲也颇为吸引儿子的专利。记得初一的时候,儿子还央求我和他妈妈:"再给我像安徒生那样过一次生日吧!"我那时很为自己从安徒生那里学到的方法而得意,它让儿子留下美好而难忘的印象。但我忽略了,童年再长也有结束的时候,盼望孩子长大,又惧怕孩子长大,永远是家长矛盾的心理。大概就是

从那个时候，儿子的心理发生了重要的变化，他要将他的生日度过的方式从家里划出来据为己有，他要将他的生日变为一只鸟从笼中飞到一片新的天地，而和我们告别。而今这一天终于到来，儿子要自己去过生日去了。他不再需要安徒生，不再需要童话，不再需要蘑菇底下的小把戏……也不需要我和他的妈妈。

我知道，儿子长大了，随日子一起长大了，但多少心里有些失落。

儿子的这次生日，早在半个多月前就开始和同学们紧锣密鼓地筹备了。自己动手，比在家里我们帮他过生日要认真，也要有兴趣得多。他们找到一家小饭馆，物美价廉，环境也不错。那一天生日的时候，他一清早就出去了，准备先到北海划船，然后再去聚餐。那些同学也早就一个电话接一个电话打来，热线联系，为他准备好了生日礼物。热闹的电话铃声伴随着热烈的交谈，生日的气氛早早就弥漫开来。自己动手为自己过第一个生日，儿子跃跃欲试，兴奋异常。

一位同学为了他这个生日，本来全家要到北戴河去避暑疗养，任爸爸妈妈一劝再劝，愣是忍痛割爱，毫不犹豫，留下来陪他。另一位同学和家人在西安度假，电话里得知他的生日，自己提前赶在他生日的那一天回到北京。而又一位同学怎么找也找不到，以为刚放暑假时曾经对她讲过的生日的事她忘记了，便不抱希望。谁知生日的前一天晚上，这位同学打来电话，她是特意从老家赶回来的，刚刚进家门……

这就是孩子！只有孩子才会这样的热情，这样的认真，这样的纯真，将一个普通的生日做了一种友谊、一种承诺、一种象征。如果我是儿子，知道有这么些同学如此对待自己的生日，我也会毫不犹豫地离开家和同学们聚会在一起。当我知道这一切,我不再责备儿子,而是有些羡慕他,甚至隐隐的嫉妒。

　　家中的父母为他准备的生日再美再好,安徒生的童话再新再奇,难有同学之间这种情谊和氛围。孩子的天地不再像小时候那样只是家这样狭小,而是越来越宽阔。一只鸟,哪怕你把它装进再精美的笼中,备上再充足的雨露和食品,它也难得拥有在树枝间、在树林间的欢乐,那是只有在风中飞动的难以言说的风光,和从叶子间筛下的绿色阳光跳跃的韵律。

　　生日那天,儿子和他的同学在那家小饭馆里一直热闹到很晚。第一次他的生日,家里缺少了他,一下子显得冷清了许多,让我情不自禁地想起以往

儿子生日时家里拥有的美好欢乐的时光。奶奶不在了，儿子长大了，家清净了，我们也就老了。说心里话，我的心里多少有些伤感。孩子，有时候在家里就起着这样举足轻重的作用，他让日子充满生命的气息，他让岁月流淌情感的律动。

夜已深深，灯火阑珊，儿子还没有回来。但我可以想到儿子那里此刻正热闹非凡，聚会正在高潮，点燃着的生日蛋糕上的红红的蜡烛在跳跃着生命的火焰，和那里洋溢着只有青春才会拥有的活力、朝气和欢乐。我知道，这是家里无法给予他的。家里可以给予他无限的温馨、欢快和富有，却难以给予他这些。一片叶子即使在再温煦柔和的风中也难奏响悦耳的乐章，只有一棵树上那一片片叶子聚合在一起，才会在风中飒飒细语，诉说着不尽的话题，摇响着一片他们彼此听得懂的动人的音乐……

那天晚上十一点多的时候，儿子在那家小饭馆里给我打来一个电话，嗡嗡的话筒里，可以听得见清脆的欢笑声，想来儿子他们玩得正开心。儿子告诉我：他们正聊到兴头上，他想今天晚上不回家住了，他要到一个同学家去住，可以接着兴致勃勃地聊个海阔天空。他问我行吗？我该怎样回答？我能说不行吗？我虽然有些不大情愿，有些无可奈何，但最后我还是答应了儿子生日这一天唯一向我提出的要求。

即使我多少有些伤感，但孩子毕竟已经长大了，比我们想象得要飞快地长大。花朵谢去了，果子才冒出来；依赖退去了，孩子成熟了。再美好温暖的家，也只是孩子成长的第一站，孩子总是要像鸟一样离开家飞走的。再完美无缺的家，也不会是孩子翱翔的天空，我知道这时候送给孩子最好的生日礼物，就是送他一副飞翔的翅膀。

写作提示
文章开头的多种做法

　　文章的开头,可以多种多样。

　　最常用的,也是我认为最好的开头,其实就是开门见山,不要故意绕弯子兜圈子,说一些云山雾罩的多余的话。

　　《年轻时去远方漂泊》用的就是开门见山的方法。文章开头明确写着:"寒假的时候,儿子从美国发来一封 E-mail,告诉我利用这个假期,他要开车从他所在的北方出发到南方去,并画出了一共要穿越11个州的路线图。"

　　孩子已经出发在去远方的路上了。至于在路上的情况,具体去了哪里,有什么样的经历,我又有些什么样的感想,以及引用的泰戈尔的《新月集》等等,都可以放在后面慢慢写。试想一下,如果开头不是这样开门见山,而是先议论一下为什么年轻时要去远方漂泊,会不会有些做文章和说教的感觉?不如这样开门见山更自然,更亲切。

　　但是,我们很多同学甚至一些老师,不喜欢这样开门见山的开头,觉得没有什么文采。有时候,我也会想,总是开门见山,简单倒是简单了,却确实也容易做法雷同,审美疲劳,很难吸引自己,也很难吸引他人。

　　《拥你入睡》稍微变化了一点儿开头的方法:"儿子上初一以后,忽然一下子长大了。换内裤,要躲在被子里换;洗澡,再也不用妈妈帮忙洗,连我帮他搓搓后背都不用了。我知道,儿子长大了,像日子一样无可奈何地长大了。原来立刻就会拥有的天然的肌肤之亲和无所顾忌的亲昵,都被儿子这长大拉开了距离,变得有些羞涩了。"

　　文章的题目是《拥你入睡》,但先不写拥你入睡,而是写儿子以前的事情,以及初一开始之后儿子的样子,这和拥你入睡的亲昵是完全相反的事情和样子。之后,

再写拥你入睡，是按照事情发展的顺序写的，这让拥你入睡有了起因，有了变化，有了前后的对比，也让拥你入睡更为突出些。可以说，这样的开头，是对比法。

《生日的翅膀》的开头第一句："儿子突出今年的生日不在家里过，要自己和同学们一起过。"然后，紧接着写："十六次生日，他都是在家里和我和他妈一起过的，第一次，他要离开家，离开我和他妈妈，自己去过了。"这样开头的目的有两点：一是点明儿子16岁时，第一次要出去自己过生日；二是父母由此荡起的有些失落的情感涟漪。

这样的开头是为了呼应文章的结尾："再美好温暖的家，也只是孩子成长的第一站，孩子总是要像鸟一样离开家飞走的。再完美无缺的家，也不会是孩子翱翔的天空，我知道这时候送给孩子最好的生日礼物，就是送他一副飞翔的翅膀。"因此，可以看出，这样的开头，如果仅仅是第一句，便是开门见山；有了第二句，便有了和结尾的呼应，父母的情感便转换成了感悟，儿子16岁的生日，便有了落点，而不仅仅是一次生日聚会。我们常说首尾呼应，这样的开头，可以称之为呼应法吧。

《聪明只是一张漂亮的糖纸》的开头："儿子小铁上初二的时候，有一天下午我和他妈妈出门，问他去不去，他摇摇头，一人闷在家里。"他闷在家里做什么呢？显然，这里用的是小小的悬念法。

上面所说的，只是文章开头的几种方法而已。文章的开头，应该有多种作法，要根据文章内容和体裁的需要而定。不同的内容，不同的体裁，适用不用的方法。如果一时找不到更合适更好的方法，就像我开头所讲的，开门见山就是最好最方便的方法，我的很多文章用的都是这样开门见山的方法。有时候，这不见得就是退而求其次的无奈，而是一种简便易行而且合适的法子，容易避免啰嗦，避免离题万里。因此，不要不分青红皂白，什么开头都要出奇制胜。人为做作的开头，还不如开门见山，就如同浓妆艳抹，还不如素面朝天。

第 8 堂课

文章如何结尾

Lesson 8

前面遭遇塌方

那一年秋天去九寨沟。路上，大家的情绪非常好，几乎一路都在唱歌，车厢里快成了音乐厅。我们乘坐的是一辆大轿子车，开车的是一个眉清目秀的成都小伙子，他一言不发，微微笑着，平稳地开着车。

黄昏的时候，突然下起了大雨。一时间，雨幕和暮色叠加在一起，像蝙蝠的翅膀一样压来。走着走着，车子忽然停了下来。我抬起头望望窗外，发现前面蜿蜒的山路上早已长蛇一般停了好长一串的车子。下车一打听，才知道前面的路因为大雨的缘故塌方了，路面一下子变窄了，而且非常滑。刚才，一辆运木材的大卡车连人带车滚进了道旁的江里，一眨眼的工夫就淹没在湍急的漩涡中，连影子都找不着了；紧跟着，另一辆卡车也掉了下去，幸好被半山腰的树卡住，人们正在搭救司机。大家都担心起来，今晚还能不能到达九寨沟呀？

终于，前面的车子一辆辆蜗牛一样移动起来。等我们开到事故发生的地点时，两个多小时已经过去了。天彻底黑了下来，雨却没有停。车窗外，那

第8堂课　文章如何结尾

辆卡车黑乎乎的，还卡在半山腰的树上。前面的路越发显得窄，大概只能够勉强过一辆车，又正好是一个拐弯，无形中增加了行车的难度。可怕的是靠近江边的一侧还有塌方，只要车轮稍稍打偏一点，车子就有可能一下子滑进江中。

司机停住车，打开车门，回过头说："大家都下车吧，先走过去，在前面等我。"

满车的人都乖乖地下了车，撑起了雨伞，小心翼翼地往前走。只见司机坐在驾驶座上，双手紧紧地握着方向盘，两眼直直地望着前方。雨刷使劲地刷着，车灯明晃晃地照着，前面的雨水、山石和树木，阴森森的，格外瘆人。

车子开动前，我犹豫了一下，下车还是不下？……咬咬牙，我就一屁股坐了下来。

司机回头叫我："快下车！太危险！"

我没下车，走到他的旁边坐下来。他看了看我，没再说话，只是伸出手拉了拉我的手。他的手心里全是冷汗，我的手心里也一样。

车子启动了。我看得很清楚，前面的路窄得像是鸡脖子。方向盘在他的手中不停地转动着，他的脚不时地踩着刹车。车子缓慢地移动着，不是在走，简直是在爬，一步步小心谨慎地蠕动着，稍不留神，就有可能出危险。尤其是过江边塌方的地段时，司机把车紧紧地贴近山的一侧。整条岷江就在我们的左侧晃悠着，肆无忌惮地咆哮着，随时都有可能把我们连人带车一起揽进它可怕的怀中。我的心都要蹦出嗓子眼儿了，两眼紧闭，心里想，现在再想下车也来不及了，豁出去了吧！

我不知道他是怎么过这个险关的，只觉得车子颠簸了一下，然后是一个转弯，就飞快地加速，箭一般蹿出了好长一段路。后来就听见他一连串地按响了喇叭，又听见路边一连串的欢呼声。

  我不知道以后还敢不敢再冒这样的险，当时是一个劲儿地后怕。那一晚大雨中的山道和江水，还有那位司机，实在让我终生难忘。我不知道他后怕不后怕，但在当时，他的沉稳果断却是一车人所不具备的。一个人的性格会在平常的日子里显现出来，一个人的品格却在关键时刻尤其是危险的时刻更为凸显，那是一个人生命最鲜亮的底色。那天夜里到达九寨沟后，我半宿都没睡安稳，总好像还在颠簸的车上一样。第二天晚上，为了给大家压惊，我们在诺日朗旁边举办了晚会，大家的歌声此起彼伏。不知谁看见我们的那位司机坐在角落里默默地听大家唱歌，就喊了起来，请他无论如何也得唱一个。大家热烈地鼓起掌来。他没推辞，走到台前，说："可以，但我得请一个人和我一起唱。"我没有想到，他请的是我。我和他一起唱了一首《草原之夜》，令我更没有想到的是，他唱得非常好听。

生命的平衡

不知道你相信不相信，无论什么样的生命，在短促或漫长的人生中都需要平衡，并且都会在最终得到平衡。

漂亮的白雪公主自然有其漂亮面庞的如意，却也有后母的嫉妒、被追杀以及毒梳子和毒苹果等等的不如意；不漂亮的灰姑娘自然有其悲惨的种种命运，却也有其终成正果的美好回报。眼睛瞎了，意大利的安德烈·波切里却成为了著名的盲人歌唱家；腿残疾了，爱尔兰的克里斯蒂·布朗却用唯一能够活动的左脚敲打键盘，成为著名的作家。个子高的，如姚明，自然成就了他的事业，他可以到美国的NBA去打篮球，风光无限；个子矮的，就一定不如个子高的吗？如拿破仑，按现在的标准大概得是二级残废了，但却不妨碍他成为盖世的英雄。

这就像伊索寓言里所讲的：高高的长颈鹿吃得着高高树枝头上的叶子，却没办法走进矮小的门；矮矮的山羊吃不着高高树枝头上的叶子，却轻而易举地走进了矮小的门。

懂得了生命中的这一点意义，让我们充分去体味到生命其实是一条流淌的河，乱石穿空，惊涛拍岸，卷起千堆雪，是生命中的一种情景；潮平两岸阔，风正一帆悬，也是生命的一种情景；一条河在流淌的过程中，不可能总是前一种风景，也不可能总是后一种风景，它要在总体流量的平衡中才会向前流淌，一直流入大江大海。

那年我去土耳其，遇见当今被称之为土耳其首富的萨班哲先生。凡是有蓝底白字SA字母牌子的地方，都是他家的产业。在土耳其，SA的标志，触目皆是；萨班哲的名字，家喻户晓。如此富有的人，却也有命运不济的地方，他的两个孩子，一个儿子，一个女儿，都是残疾弱智。命运，就是和他这样开着残酷的玩笑。他却以为这其实就是生命给予他的一种平衡，而不去怨天尤人。他用他的钱在伊斯坦布尔修建了一座残疾人的公园，公园里所有的器械都是为残疾人专门设计的。他希望以自己能够做到的事情来平衡更多残疾人不如意的生活，从而使自己不如意的生活达到新的平衡。

我们去参观以他的名字命名的萨班哲博物馆。在这座博物馆里，最有趣的是一间陈列室里，挂满的全部都是萨班哲先生的漫画。是萨班哲先生请来土耳其的漫画家们，让他们怎么丑怎么画，越丑越好，画成了这样满满一屋子的漫画。有时候，他到这里来看一屋子包围着他的、画着他的那一幅幅丑态百出的漫画，他很开心，他在这里找到了在外面被人或鲜花或镜头所簇拥着、恭维着所没有的平衡，他在这里找到了在两个残疾弱智孩子给予他痛苦中所没有的欢乐。

我们能够拥有他这样洒脱的心态吗？我们能够拥有他这样宠辱不惊的自我平衡的力量吗？

如果我们拥有，我们的人生就会和萨班哲先生一样过得充实而愉快。

孤独的普希金

来上海许多次,没有去过岳阳路看过一次普希金的铜像。忙或懒,都是托词,只能说对普希金缺乏虔诚。似乎对比南京路、淮海路,这里可去可不去。

这次来上海,住在复兴中路,与岳阳路只一步之遥。推窗望去,普希金的铜像尽收眼底。大概是缘分,非让我在这个美好而难忘的季节与普希金相逢,心中便涌出许多普希金明丽的诗句,春水一般荡漾。

其实,大多上海人对他冷漠得很,匆匆忙忙地从他身旁川流不息地上班、下班,看都不看他一眼,好像他不过是没有生命的塑像,如身旁的水泥电杆一样。提起他来,绝不会有决斗的刺激,甚至说不出他哪怕一句短短的诗。

普希金离人们太遥远了。于是,人们绕过他,到前面不远的静安寺买时髦的衣装,到旁边的教育会堂舞厅跳舞,到身后的水果摊、酒吧间捧几只时令水果或高脚酒杯……

当晚,和朋友去拜谒普希金。天气很好,4月底上海不冷不燥,夜风吹送着温馨。铜像四周竟然了无一人,散步的、谈情说爱的,都不愿到这里来。

月光如水，清冷地洒在普希金的头顶。由于石砌的底座过高，普希金的头像显得有些小而看不大清楚。我想更不会有痴情而又有耐心的人抬酸了脖颈，如我们一样仰视普希金那一双忧郁的眼神了。

此时，教育会堂舞厅中正音乐四起，爵士鼓、打击乐响得惊心动魄。红男绿女出出进进，缠绵得像糖稀软成一团，偏偏没有人向普希金瞥一眼。

我很替普希金难过。我想起曾经去过的莫斯科阿尔巴特街的普希金故居。在普希金广场的普希金铜像旁，即便是飘飞着雪花或细雨的日子里，那里也会有人凭吊。那一年我去时正淅淅沥沥下着霏霏雨丝，故居前，铜像下，依然摆满鲜花，花朵上沾满雨珠宛若凄清的泪水。甚至有人在悄悄背诵着普希金的诗句，那诗句便也如同沾上雨珠无比温馨湿润，让人沉浸在一种远比现实美好的诗的意境之中。

而这一夜晚，没有雨丝、没有鲜花，普希金铜像下，只有我和朋友两人。普希金只属于我们。

第二天白天，我特意注意这里，除了几位老人打拳，几个小孩玩耍，没有人注意普希金。铜像孤零零地立在格外灿烂的阳光下。

朋友告诉我：这尊塑像已是第三次塑造了。第一尊毁于日本侵略者的战火中，第二尊毁于我们自己的手中。莫斯科的普希金青铜塑像屹立在那里半个多世纪安然无恙，我们的普希金铜像却在短短时间之内连遭两次劫难。

在普希金铜像附近住着一位现今仍在世的老翻译家，一辈子专事翻译普希金、莱蒙托夫的诗作，在"文化大革命"中亲眼目睹了普希金的铜像是如何被红卫兵用绳子拉倒，内心的震动不亚于一场地震。曾有人劝他搬家，避免触目伤怀，老人却一直坚持住在普希金的身旁，相看两不厌，度过他的残烛晚年。

老翻译家或许能给这尊孤独的普希金些许安慰？许多人淡忘了许多往事，忘记当初是如何用自己的手将美好的事物毁坏掉，当然便不会珍惜美好的失而复得。年轻人早把那些悲惨的历史当成金庸或琼瑶的故事书，怎么会涌动老翻译家那般刻骨的思绪？据说残酷的沙皇读了普希金的诗还曾讲过这样的话："谢谢普希金，为了他的诗感发善良的感情！"而我们却不容忍普希金，不是把他推倒，便是把他孤零零地抛在寂寞的街头。

我忽然想起普希金曾经对于春天的诅咒——啊，春天，春天，你的出现对我是多么沉重……

还是给我飞旋的风雪吧，我要漫长的冬天的幽暗。

有几人能如老翻译家那样理解普希金呢？过去只成了一页轻轻揭去的日历，眼前难以抵挡春日的诱惑，谁还愿意去在凛冽风雪中洗涤自己的灵魂呢？

离开上海的那天下午，我邀上朋友再一次来到普希金的铜像旁。阳光很好，碎金子一般缀满普希金的脸庞。真好，这一次普希金不再孤独，身旁的石凳上正坐着一个外乡人。我为遇到知音而兴奋，跑过去一看，失望透顶。他的手中拿着一架微型计算机正在算账，很投入。他的额头渗了细细的汗珠。

我们又来到普希金像的正面，心一下子更被猫咬一般难受。石座底部刻有的"普希金（1799—1837）"字样中，偏偏"金"字被黄粉笔涂满。莫非只识得普希金中的"金"字吗？

我们静静地坐在普希金像旁的石凳上，什么话也说不出来。阳光和微风在无声流泻。我们望着普希金，普希金也望着我们。

第 8 堂课　文章如何结尾

史可法的扬州

扬州，一直是我向往的地方。40多年前，我读到清人全祖望那篇著名的《梅花岭记》，看到他记述的史可法壮烈殉国的场面：大兵如林而至之际，忠烈乃瞠目曰："我史阁部也！"劝之降，忠烈大骂而死。死前，他留下遗言："我死当葬梅花岭下。"少年的心，被一腔壮怀激烈所燃烧。扬州，在我的心里，是史可法的扬州，是一地梅花怒放的扬州。

真的来到扬州，已经是十多年之后20世纪的70年代末。那时的扬州，没有如今那样多的高楼大厦，史可法墓前的护城河那样的清澈，河边的杨柳在夏日里浓荫四溢，为史可法祠堂遮挡着骄阳的炙烤，祠堂前的小路，水洗过一样干净而幽静。

只可惜，我来的季节不对，梅岭没有一朵梅花。

第二次来到扬州，是20年过后，1990年代末了。那是一次会议结束之后游览瘦西湖和个园，在参观个园的时候，我独自一人悄悄地溜了出来。记忆中史可法墓应该离个园不远，果然，往北一走，很快就到了护城河边，依然是杨柳依依，依然是小路幽幽，更奇特的是，祠堂里，梅岭下，依然只有我一个人。这样更好，可以独自一人和忠烈喁喁独语。和瘦西湖的游人若织相比，这里的空旷和幽静，也许正适合史可法。

还是没看得到梅岭的梅花，不过，没关系，好的风景，杰出的人物，遥远的历史，永远都在想象之中。

2009年的初春，我第三次来到了扬州。真的是和史可法和扬州有缘，来扬州前不久，在国家大剧院看过昆曲《桃花扇》，那里面有史可法率兵于梅花岭下"誓师"一段——史阁部言道：众位请起，听俺号令，你们三千人马，一千迎敌，一千内守，一千外巡。上阵不利，守城；守城不利，巷战；巷战不利，短接；短接不利，自尽。面对清兵的入侵史可法表现出的民族气节，让今人叹为观止，甚至汗颜。是他让扬州这座城市充满血性，荡漾着历史的波纹涟漪。

我一直以为，扬州区别于一般的南方城市，区别于那种小桥流水的婀娜多姿。由于地理的关系，它地处江苏的北大门，照史可法说是"江南北门的锁钥"。所以，扬州不仅具有江南一般小城女性的妩媚，同时具有江南一般小城没有的男性的雄伟。无疑，史可法为扬州注入了这样雄性的激素，壮烈的舍生取义，惨烈的扬州十日，让这座城市气吞吴越，拒绝后庭花和脂粉气，让扬州不仅有精致的扬州炒饭、扬州灌汤包子和扬州八怪，而且有了遥想当年铁马秋风把栏杆拍遍的想象空间，有了可以反复吟唱的英雄诗篇的清澈韵脚。

没错，史可法让扬州不仅是一幅画，而且是一首诗。

这次来因有朋友的陪伴和解说，看得更明白一些。享堂前的一副清人的抱柱联：数点梅花亡国泪，二分明月故臣心。古风盈袖，很是沉郁。梅花仙馆外另一副今人的抱柱联：万年青史可法，三分明月长存。嵌入史可法的名字，互为镜像，做今古的借鉴，令人遐思。享堂里有史可法的塑像，享堂后是史可法墓。墓前有石碑和牌坊，墓顶有草覆盖，被人们称之为"忠臣草"。

享堂西侧有晴雪轩，里面藏有史可法的遗墨。史可法的书法是真正的书法，草书行书都有，气遏行云，韵击流水。他的遗书最是让我心动，他的第三封遗书，仅仅三句："可法死矣！前与夫人有定约，当于泉下相候也！

四月十九日,可法手书。"可以说是史可法短促一生中最精彩的绝句。墨迹点点,也是血迹斑斑,几百年来依然色泽如润,气韵如生,鲜活如昨。6天后,这一年,即1645年4月25日,史可法殉国。次年清明前一日,他的副将,也是他的义子史德威,在他誓师和血战的梅花岭下,为他筑墓立碑。但是,那只是史可法的衣冠冢。

走出晴雪轩,来到梅岭下,春梅未开,冬梅正残,断红点点,飘落枝头,有一种哀婉的气氛袭上心头。好在祠堂东侧桂花厅前,有紫藤和木香各一架,过些日子就会次第开花,一紫一黄,分外好看。到了秋天,祠堂大门前那两株古银杏树金黄色的落叶,会落满一地,落满祠堂的瓦顶,更是壮观。如果说梅花是史可法的灵魂,那满祠堂种植的紫藤、木香、银杏、桂花、芍药、葱兰,就都是扬州人的怀念和心情。

在扬州,还留下了这样特殊而别具情感的地名:史可法路、螺丝及顶街(摞尸及顶的谐音,当年史可法抗敌,巷战血拼时尸体一个摞一个到城墙顶),以及史可法曾经居住过的辕门桥。扬州人把对史可法的纪念渗透进他们的生活,刻印在他们走的路上和日子里,那是扬州人在心底里为史可法吟唱的安魂曲。

扬州,不管到什么时候,真的都是史可法的扬州。

莎士比亚书店

我一直有一个梦想，开一家小小的书店，取名叫"复兴书店"。去了巴黎左岸拉丁区的莎士比亚书店，这种愿望更加强烈。

莎士比亚书店赶不上卢浮宫或巴黎圣母院那样人流如织，但喜欢书籍和文学的人，那里是不可不去流连的地方。我一直以为，在巴黎的左岸，莎士比亚书店和黑猫咖啡馆是对称的两极，如同我们古典诗歌里的精美的比兴和对仗，让巴黎有了诗的韵味。

这两个地方，都曾经是作家艺术家常来的地方，当然，是那些潦倒的作家艺术家，绝对不是如今我们这里经常光顾摆满精致座签前或财富排行榜上的作家艺术家。但是，在这两个地方，却诞生了杰出的作家艺术家，比如乔伊斯便是诞生在莎士比亚书店，德彪西诞生在黑猫咖啡馆。那里充满艺术的气息和自由的呼吸，让巴黎这座城市海纳百川，真正的是大狗可以叫，小狗也可以叫。

从巴黎圣母院出来，本要去拉丁区看我曾经在北大荒的一位朋友在那里开的一家小店，谁想过了塞纳河没走几步，一眼就看见了莎士比亚书店，绿色的店铺门窗，如同春天的绿叶一样清新醒目，顿时立在那里，然后跑几步奔了过去。那感觉，有几分他乡遇故知的意思。想起在电影《爱在落日前》里第一次曾看到莎士比亚书店的样子，电影专门把两个分别多年的恋人安排在书店里见面，看两位恋人激动不已的样子，大概和我见到它的真容时差不多吧。

书店很小，到处堆满了书，从楼梯口到天花板。和我们这里的书店不一样，和台湾有名的诚品书店也不一样，我们的书店过于讲究，装潢修饰得如同光鲜的贵妇，或小资味道洋溢，让书和店一起都扮演装饰的角色。莎士比亚书店却呈书的本色，纷乱拥挤的书，如同家的柴门前随意堆放烧火用的木样，也如同褪去华丽服装和妖冶笑靥的村妇，给你备好的是家常饭菜和浊酒老茶，有一种放翁诗中"浅倾家酿酒，细读手抄书"的亲切感觉。

那一天，店里客人不多，几个年轻人拿着书坐在书店外面的椅子上读书，和着书香。遗憾的是没有看见书店老板老乔治，只看到有一位年轻的女人安静地坐在一张书桌前。一定是老乔治的女儿。老乔治是68岁才得此宝贝女儿的，爷俩儿前仆后继经营着这家书店已经60余年了。想想居然可以把一家书店原封不动地经营了60多年，真的是个奇迹。

想起我们的书店。我们个体经营的书店不少已经关门，就不要奢望能够有半个多世纪历史的老书店了，让你感受岁月沉甸甸的沧桑，让你的怀旧心情有一个落脚的去处。如今的我们什么都是要讲究效益的，已经绝对不干老乔治这样赔本赚吆喝的买卖了。想当年，老乔治用500美元就盘下了这个寸土寸金的地方改造成了书店，如今更如天方夜谭一样令人瞠目了。不少精明人

劝说老乔治父女赶紧改换门庭，将书店摇身一变为酒吧歌厅或餐馆。

但是，如今我们不是在讲文化的建设和发展吗？一座现代化的都市，如果仅仅有酒吧歌厅餐馆或摩天大楼，没有一个类似莎士比亚书店这样的老书店如一株老梅树顽强地摇曳着嶙峋老枝，这座都市只能是一个文化单薄的暴发户。

又想起我的"复兴书店"，尽管只是止步于心里而没有任何行动，却忍不住想象着开张60年之后的"复兴书店"的样子，即使窄小如豆，赶不上莎士比亚书店气派，起码也会是北京城的一景。

写作提示
好的结尾是千姿百态的

从生活中找——文章的结尾

有些文章的结尾，明显是做出来的，是为了结尾而结尾，最常见的两种，一为了首尾呼应，一为了点题。这在考试的作文中最常见，虽然不佳，却也因此可以最少丢分，甚至可以博得高分。

这样大同小异的结尾，使得我们的作文特别是考试作文不少是一无可观，因为这样的结尾常常是人云亦云的套话，是报纸社论的拷贝，是大人用惯的腔调，与同学们内心真实的感受相去甚远，甚至是背道而驰的。

但是，仅仅说结尾做出来不好，也不客观，因为文章都是做出来的，所以才叫作作文。好的结尾，也可以是做出来的，但那种做，不应该是不动脑筋的千篇一律粗糙的制作和仿作，应该很讲究，如同音乐里的尾声，如同戏剧里的最后一幕，或给人意外，或给人启发，或给人感喟，或给人余味……好的结尾，还应该是千姿百态的，如同花朵的开放，如同百鸟的鸣叫，不同的颜色，不同的声音，各显风情和风格。

我一直认为，好的结尾，从来不仅仅是做出来的，它最佳的状态，是像一股水流一样，随着文章自身的流动而流动，当行则行，当止则止。这样好的结尾，有时候确实是可遇而不可求的。

踩着尾巴头会动——从结尾写起

我一直觉得，一篇文章的结尾，比开头要重要得多。开头，即使没有出奇制

胜,只要平易自然,就不会出大的毛病。结尾,太平则容易让人觉得少了一股气韵。结尾最好是有起伏,所谓看山不喜平。这个起伏,我更看重的是生动形象体的,也就是我常说的,要看得见摸得着,一般不要轻易用理论的词代替这样富有气韵的起伏。

  有时候,我的文章常常是先获得了一个好的结尾,便会喜不自禁,一下子觉得文章好写了,连整篇的结构布局都显得容易多了。俗话说:提纲挈领,我觉得对于写作而言,这个纲和领,不在于文章的开头,而在于结尾。结尾,是文章牵一发而动全身之处,所谓俗话说的,踩着尾巴头会动。

  所以,有时候,文章既可以是顺着从开头写起的,但也是可以逆行从结尾写起的。这是写作的两种思路,有兴趣的同学,不妨试验一下,打通文章两脉,让我们上下相通。

  以《孤独的普希金》为例,一年春天,我在上海,和朋友先后两次去看矗立在岳阳路上的普希金铜像。第二次去的时候,忽然发现铜像底部的石座上,刻有普希金的三个字中的"金"字,被黄粉笔涂抹得很醒目,在阳光下格外刺眼。当然,这也许只是一个顽皮的小孩子的率性随意为之,很偶然的一个举动而已,并非有意。但在当时给我的印象很深,而且仿佛一下子被这个金光灿灿的"金"字所刺激。普希金三个字,为什么会这样偶然地单单把"金"字涂抹得如此金光灿灿呢?这和我们的拜金主义难道就一点关联都没有吗?当然,这只是我当时的联想而已。随后,我又想,即便真的一点关系都没有,对伟大的诗人普希金,也缺乏起码的尊重和了解吧?

  想到这一点,我觉得可以写一篇文章了,这个用黄粉笔把普希金的"金"字涂抹得金灿灿的情景,就是这篇文章的结尾。

  可以这样试想一下,如果没有这个结尾,前面的文章还是那样的做,一直到离开上海前第二次去看望普希金的铜像,抒发一下对他的敬仰和感叹之情而止于

平淡的，非常一般化的结尾。有了现在这样的一个结尾，文章不仅仅有了意想不到的起伏，更重要的是能够引发我们进一步的思考。

　　我就是先有了这样一个结尾，进而结构全篇的。前面所写的第一次看普希金的铜像的情景和心情，写在莫斯科的普希金广场上看普希金铜像的回忆和感慨，写上海这尊普希金铜像两次被毁的历史和老翻译家的故事，都是因这则结尾而选择出来的。这三件事的向心力，都源自结尾，或者说都指向结尾。因为无论第一件事——普希金铜像周围的嘈杂，人们对普希金的冷漠，还是第二件事——同为普希金铜像，莫斯科的与上海的对比，以及第三件事——关于铜像的历史和老翻译家的故事，都是想说明人们对于普希金的态度，其实就是对于生活对于艺术的态度。过去的时代也好，现实的生活也罢，结尾那种只对普希金的"金"感兴趣，就有了现实的原因，也有了历史的原因。

　　可以看出，这三件事的材料的选择和运用，是为结尾服务的，也可以说是缘于结尾而牵出来的。结尾，调动了我的思路，沿着这个思路寻找到相应的材料而铺排成文。这就像到花市买花，我们已经有了一个思路，想买什么样的花，是为母亲节呢，还是为送朋友或送老师呢……花的选择就便捷得多，也会集中成一束而显得夺目得多。

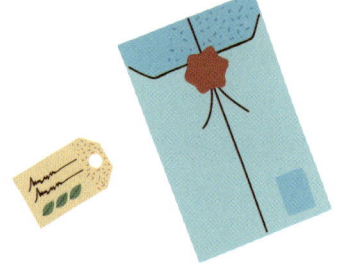

第 9 堂课

文章如何布局

Lesson 9

喝得很慢的土豆汤

那天下午,我和妻子路过北大,因为还没有吃午饭,忽然想起儿子曾经特意带我们去过的一家生意很红火的朝鲜小饭馆,便去了这家小饭馆。

因为不是饭点儿,小馆里空荡荡的,一个胖乎乎的小姑娘笑着问我们吃点什么。我想起上次儿子带我们来,点了一个土豆汤,非常好吃,很浓的汤,却很润滑细腻,特殊的清香味儿,撩人胃口。不过已经过去两个多月的时间,我忘记是用鸡块炖的,还是用牛肉炖的,便对妻子嘀咕:"你还记得吗?"妻子也忘记了。

没想到,小姑娘这时对我们说道:"上次你们是不是和你们的儿子一起来的,就坐在里面那个位子?"

我和妻子都惊住了。她居然记得这样清楚!更没想到的是,她接着用一种很肯定的口气对我们说:"那次你们要的是鸡块炖土豆汤。"

我还是开玩笑地对她说:"你就这么肯定?"

她笑了:"没错,你们要的就是鸡块炖土豆汤。"

第9堂课　文章如何布局

我也笑了:"那就要鸡块炖土豆汤。"

刚才和小姑娘的对话,让我在那一瞬间想起了儿子。思念,一下子变得那么近,近得可触可摸,仿佛一伸手就能够抓到。两个多月前,儿子要离开我们回美国读书的时候,特意带我们来到这家小馆,特别推荐这个鸡块炖土豆汤,所以,那一次的土豆汤,我们喝得很慢很慢,临行密密缝一般,彼此嘱咐着,一直从中午喝到了黄昏。许多的味道,浓浓的,都搅拌在那土豆汤里了。

事情已经过去两个多月,这个小姑娘居然还能够如此清楚地记得我们坐的具体位置,而且还记得我们喝的是鸡块炖土豆汤,这确实让我百思不解。汤上来了,我问小姑娘,她笑笑,望望我和妻子,没有说话,转身离开。

我抿了一小口,两个多月前的味道和情景立刻又回到了眼前,熟悉而亲切,仿佛儿子就坐在面前。

那一天下午的土豆汤,我们喝得很慢。

临走的时候,我忍不住又问小姑娘,她还是那样抿着嘴微微笑着,没有回答。

又过了好几个月,树叶都渐渐变黄了,天都渐渐地冷了。那天下午,还是两点多钟,我去中关村办事,那家小馆,那个小姑娘,和那锅鸡块炖土豆汤,立刻又从沉睡中苏醒过来似的,闯进我心头。离这不远,干吗不去那里再喝一喝鸡块炖土豆汤?

因为不是饭点儿,小馆依然很清净,不过里面已经有了客人,一男一女正面对面坐着吃饭,蒸腾的热气弥漫在他们的头顶。背对着我坐着的是一个年龄颇大的男子,走近了,我发现那个女的,就是那个胖乎乎的小姑娘。她也看见了我,向我笑笑,算是打了招呼。那男的模样长得和小姑娘很像,不用说,一定是她父亲。

我要的还是鸡块炖土豆汤。因为炖汤要一些时间,我走过去和小姑娘聊天,看见他们父女俩要的也是鸡块炖土豆汤。我笑了,她也笑了。

我问:"这位是你父亲?"

她点点头,有些兴奋地说:"刚刚从老家来。我都和我爸爸好几年没有见了。"

"想你爸爸了!"她笑了,她的父亲也很憨厚地笑着。

难得父女相见,我能想象得出,一定是女儿跑到了北京打工好几年了,终于有了一次父女见面的机会。我不想打搅他们,但我的心里充满了感动。我忽然明白了,这个小姑娘当初为什么一下子就记住了我们和儿子,记住了我们要的土豆汤……

那一个下午,我的土豆汤喝得很慢。我看见,小姑娘和她的爸爸那一锅土豆汤也喝得很慢。亲情,在这一刻流淌着,浸润了所有的时间和空间。

春天去看肖邦

说来真巧，去肖邦故居那天，正好赶上是春分。

肖邦故居位于华沙市区50公里外一个叫作沃拉的小村。车子驶出市区，便是一片开阔的原野，平坦的土地大部分裸露着，还没有返青，到处是一丛丛亭亭玉立的白桦树，一片片的苹果树和樱桃树，油画一样静静地站立在湛蓝的天空之下。再晚一个多星期，田野就绿了，果树都会开花，那样的话，肖邦会在缤纷的花丛中迎接我们了。

老远就看见了路牌：WOLA。虽然是波兰文，拼音也拼出来了，就是我梦想中的沃拉。

肖邦故居的门口很小，里面的院子大得出乎我的想象，虽还是一片萧瑟，但树木多得惊人，深邃的树林里铺满经冬未扫的厚厚树叶，疏朗的枝条筛下雾一样飘曳的阳光，右手的方向还有条弯弯的小河（肖邦9岁时在这条小河里学会游泳），宁静得如同旷世已久的童话，阔大得如同一个贵族的庄园。肖邦的父亲当时只是参加反对沙皇的武装起义失败后跑到这里教法语的一个法国人，破落而贫寒，怎么可能买得起这么大的庄园？我真是很怀疑，无论是波兰人还是我们，都很愿意剪裁历史而为名人锦上添花，心里便暗暗地揣测，会不会是在建肖邦故居时扩大了地盘？

如今，肖邦纪念碑就立在小河前不远的地方，和故居的房子遥遥相望。那是一座大理石做的方尖碑，非常简洁爽朗。上面有肖邦头像的金色浮雕，浮雕下面有竖琴做成的图案，两者间雕刻着肖邦的名字和生卒年月。

那幢在繁茂树木掩映下的白色房子，就是肖邦的故居了。房子不大，倒很和肖邦当时家境吻合。如果房前没有两尊肖邦的青铜和铁铸的雕像，和村里其他普通的房子没有什么两样。它中间开门，左右各三扇窗子，各三间小屋，分别住着他的父母和他的两个妹妹。如今成为了展室，展柜里有肖邦小时候画的画，他的画很有天分，还有他送给父亲的生日贺卡，是他自己亲手制作的。墙上的镜框里陈列着1821年肖邦12岁时创作的第一首钢琴曲的手稿：降A大调波罗乃兹。五线谱上的每一个音符都写得那样清秀纤细，让我忍不住想起他的那些天籁一般澄清透明的夜曲和他那被做成纤长而柔弱无骨一般的手模。

客厅的一侧，有一个拱形的门洞，但没有门框、门楣和房门，空空地敞开着，门洞的后面是一扇窗，明亮的阳光透过窗纱洒进来，将那里打成一片橘黄色的光晕。走过去一看才知道，那里就是肖邦出生的地方，竟然只是一块窄窄的长条，长有五六米，宽却大概连一米都不到，因为中间放着一个大花瓶就把宽的位置占满了。靠窗户的墙两边分别挂着肖邦的教父和教母的照片，墙外面一侧挂着的镜框里放着圣罗切教堂出具的肖邦的出生证和洗礼纪录，另一侧镶嵌着一块汉白玉的牌子，上面刻着三行手写体的字母：弗雷德里克·肖邦于1810年2月21日出生在这里。

　　实在想象不到肖邦出生在这里,家里还有别的房间,为什么他的母亲非要把他生在这样一个憋屈的角落里?命定一般让肖邦短促的一生难逃命运多舛的阴影。

　　肖邦只活了39岁,命够短的。在这39年里,只有前9年的时光,肖邦生活在沃拉这里,那应该是他最无忧无虑的时候,以后的岁月里,疾病和情感的折磨,以及在异国他乡的颠沛流离,一直影子一样苦苦地跟随着他,直至最后无情地夺去他的生命。肖邦的母亲是纯粹的波兰人,富有教养,弹得一手好钢琴,给予他小时候良好的音乐启蒙。肖邦就是在这里和瑞夫纳老师学习钢琴,那一年,他才6岁。8岁的时候,他登台华沙演奏钢琴,引起轰动,被称为"第二个莫扎特"。瑞夫纳说他已经没有什么可再教他的,建议他去华沙。他去了华沙,和华沙音乐学院的院长约瑟夫·埃尔斯纳系统地学习音乐,又是埃尔斯纳建议他去巴黎，他去了巴黎，开创了音乐新的道路。这样两个对于他至关重要的老师，我在他的故居里为什么没有见到他们的照片、画像或其他一些印记呢？也许，是我看得不仔细。

在肖邦故居里迎风遥想肖邦的往事，别有一番滋味在心头。一个那么弱小而疾病缠身的人，竟然可以让整个欧洲为之倾倒，让所有的人对波兰当时一个那么弱小一直被人欺侮的国家与民族刮目相看，该是多么了不起。音乐常常能够超越某些有形的东西而创造历史。

走出故居，沿着它的侧门走去，下一个矮矮的台阶，那里草木丛丛，更漂亮而幽静。前面不远就是那条小河，如一袭柔软的绸带，弯弯地缠绕着整个故居，淙淙地流淌着舒缓的音符。忽然，传来一阵钢琴声，听出来了，是肖邦的第一钢琴叙事曲，是从肖邦故居里传出来的。明明知道是从音响唱盘里播放出来的，却还觉得好像是肖邦突然出现在故居里，推开了置放钢琴的房间里的那扇窗子，为我们特意地演奏。

写作提示
文章布局有讲究

折叠法、悬念和衬托——文章的结构处理

一篇文章的结构处理,就像一座花园布局的设计,从哪儿入门,从哪儿出门,哪儿是重要的花坛,哪儿是连接花坛的草坪和树木,哪儿是曲径通幽的甬道,哪儿是休息的座椅,等等,设计时都是有讲究的。文章的结构处理,也应该是这样有讲究才行。就像好多花园看上去非常漂亮,却看不出一点人为设计的痕迹,好的文章结构也应该是鸟飞天际了无痕迹一样自然才是。这应该是我们学习写作必须努力的方向,也是文章结构处理的难点。

当然,这和文章的构思有关,但结构又不完全等同于构思,而应该是在构思完成之后具体的安排。构思是设计的蓝图,结构则是能够具体落实在实际中的立体三维图纸了。

很多同学读过我的《喝得很慢的土豆汤》之后,都觉得写得不错,而且认为很自然,以为生活的实际就真的如文章写的那一种顺序,写作就是顺着这个顺序,水一样地流淌下来,完成得很方便。其实不是这样的,文章是经过构思之后进行了结构具体安排的结果。

这篇文章的构思很明确,围绕着土豆汤和那个胖乎乎的小姑娘服务员做文章,一共包含着三次喝土豆汤:第一次是暑假里,我和妻子和孩子,在与孩子分别之际,全家一起喝土豆汤;第二次是两个月后,我和妻子路过这家餐馆,一起喝土豆汤;第三次是又过了几个月,冬天到来的时候,我看见小姑娘和从老家来北京看望她的父亲一起喝土豆汤。

　　如果按照时间顺序，应该是这样才对。如果按照我有了写作的冲动并有了文章最初的构思，应该是在第三次看见父女喝土豆汤的时候，才将前两次一下子想了起来，串联了起来。

　　但是，同学们现在看到的文章的结构，既不是按照真实事情发生的时间顺序，也不是按照最初构思的思路来写的，而是将第二次放在文章的开头来写。我将这种方法称之为"折叠法"，就像把一张纸先叠起来，把纸的头部折进中间，将纸的中间折到了外面，成为了最前端。具体到这篇文章，是将第二次喝土豆汤折出到最外面，即开头部分，最先来写，而将第一次喝土豆汤折了进去，放在中间来写。

　　纸还是那张纸，但经过这样一叠，纸的形状变了，折纸才成为了一种独特的艺术。

　　为什么要这样折叠一下，即将时间顺序置换一下呢？这样做的好处在哪里呢？这样写，在于可以使文章有了一点悬念：为什么你们第二次来喝土豆汤，时间已经过去了两个月，那个小姑娘还记得你们，而且记得你们和孩子一起来时坐的位置，喝的就是土豆汤？这个问号，在读者一开始读文章的时候，就很容易打在心里。如果按照事情发生的顺序来写，文章的开头，就失去了悬念。悬念如果能够适当地运用在一般的散文或我们同学的作文中，会起到不错的效果，可以增加文章的可读性，吸引读者读下去。

　　需要注意的是，悬念不是人为的设置，不是为悬念而悬念的故弄玄虚。我的好多篇文章并没有悬念，为什么这篇文章运用了悬念？因为生活的素材为我提供了悬念的可能性，而且非常自然，符合文章中的人物和读者双方面的心理期待。这样的悬念，是生活本身为我们提供的方便，而不是我们自己故意为之，这样才是最好的选择。文章的"折叠法"的运用，主要不是为了设置悬念，而是为使得文章的开篇更能够吸引人，使得文章更紧凑，节奏感更强，尽量可以避免流水账。

这篇文章还有一点，同学们也应该注意到了，即题目中的土豆汤前有一个"喝得很慢"的限制词。这个限制词，也是文章构思重要的一部分，也就是喝土豆汤，而且喝得很慢，构成了构思的两个层次：为什么喝土豆汤？又为什么喝得很慢？便是文章要解决的两个问题，这两个问题解决了，读者清楚了，文章就达到目的了。

那么，怎么解决这两个问题呢？喝土豆汤好说，三次喝的都是土豆汤嘛。喝得很慢呢？前两次我们和孩子以及我和妻子喝得很慢，不是文章的重心，文章的重心，是小姑娘和她的父亲分别好几年后重逢时喝土豆汤喝得很慢。前两次喝得很慢，完全是为了衬托第三次的很慢；前两次的很慢，是为了衬托第三次很慢的出场；前两次的很慢，是第三次很慢的前奏和回声，因此才会把亲情衬托得更加动人，就如文章所写的那样："没有比亲人之间分别的思念和相逢的欢欣，更能够让人感动和难忘的了。亲情，在那一刻流淌着，润湿了所有的时间和空间的距离。"这句话，与其说是点题，不如说是我为这一对父女所感动，是这篇文章最初写作由来的根本点，是前两次的很慢与第三次的很慢的一种融合与交响。

这一篇文章运用了折叠、悬念和衬托三种方法，只是想说明文章结构方法的多样性，不是说一篇文章非得用这样几种方法。同学们学会其中的一种方法，能够恰当地运用在文章的结构中，就是成功。这三种方法，尤其是第一种"折叠法"，我以为运用起来最为实际，特别是在文章材料先后的处理，和文章开头的设计方面，尤为常用和便捷。

怎样选择材料

第 10 堂课

Lesson 10

超　重

　　那天到机场送人，飞往法兰克福、伦敦、罗马和巴黎的航班，密集得像雨点似的挤在一起。大概正赶上暑假结束，大学开学在即，到处可以看到推着装有大行李箱推车的学生们，送行的父母特别多。候机厅里，家庭的气息一下子很浓，像是客厅，相似的面孔不停地在眼前晃动。

　　不时有孩子进到里面去办理登机手续，家长只能够站在候机厅里等，儿行千里母担忧，他们都伸长了脖子，把望眼欲穿的心情赋予人头攒动的前方。不时便又看见有孩子匆匆地从里面走出来，给家长一个渴望中的喜悦。不过，我发现，匆匆出来的孩子大多并不是为了和送行的父母再一次告别，也很少见到有依依不舍的场面，那样的场面，似乎只留给了情人之间的拥抱和牵手。

　　站在我身边的是一位面容姣好的中年妇女，凉鞋露出的脚趾涂着鲜艳的豆蔻，这样风韵犹存的女人，在我们的电视剧里一般还要在男人怀里撒娇呢。现在，她像是只温顺的猫，眼神有些茫然。不一会儿，我看见一个大小伙子推着行李车，气冲冲地向她走来，没好气地对她嚷嚷道："都是你，让我带，带！

第10堂课　怎样选择材料

都超重啦！"只听见她问："超了多少？"语气小心，好像过错都在自己的小媳妇。"10公斤！"只有儿子对母亲才会这样肆无忌惮。听口音，是南方人。

于是，我看见母亲开始弯腰蹲了下来，把捆箱子的行李带解开，打开箱子，那是一大一小赭黄色的两个名牌箱。儿子也蹲下来，和母亲一起翻箱子里面的东西，首先翻出的是两袋洗衣粉，儿子气哼哼地嘟囔着："这也带！"然后又翻出一袋糖，儿子又气哼哼地嘟囔一句："这也带！"接着把好几铁盒的茶叶都翻了出来："什么都带！"母亲什么话都没说，看儿子天女散花般把好多东西都翻了出来，面前像是摆起了地摊。最后，儿子把许多衣服和一个枕头也扔了出来，紧接着下手往箱底伸了，只听见母亲叫了声："被子呀，你也不带了！"

我有些看不过去，走了两步，冲那个一直气哼哼嘴噘得能挂个瓶子的儿子说："10公斤差不多了，你东西都不带，到了那儿怎么办？"儿子不再扔东西了，母亲站了起来，一脸忧郁，本来化得很好的妆，因出汗而坍塌显出些许的斑纹。"先去试试再说。"我接着对那个儿子说，他开始收拾箱子，母亲则把茶叶都从铁盒里掏出来，又塞进箱里。儿子推着行李车走了，我问那位母亲孩子去哪里，她告诉我去英国读书。她脚下的那些东西都散落着，稀泥似的摊了一地。

这里，我身旁另一侧，又有一个女孩推着车走到她的父母身边，表情几乎和那个男孩一样气哼哼的，把车使劲推到她父亲的脚前，说了句："严重超重！"父亲和刚才这位母亲一样，立刻蹲下身子，替女儿打开行李箱，我一看，箱子里几乎全是吃的东西，而且全是麻辣食品，不用说，来自四川。左翻翻，右翻翻，父亲权衡着取出什么好，女儿站在那里，用手扇着风，抹

着脸上的汗,说着:"这都是我想带的呀!"这让父亲为难了,倒是母亲在旁边发话了:"把那些腊肠都拿出来吧,那玩意儿占分量。"父亲拿出了好几袋腊肠,又拿出好几管牙膏、一大罐营养品和几件棉衣,再盖箱子的时候,鼓囊囊的箱子瘪下去一大块。女儿风摆柳枝般推着车走了,我悄悄地问母亲这是去哪儿,她说是去法国读书。

独生子女的一代,理所当然地觉得可以把一切不满和埋怨都发泄给父母。养儿方知父母恩,他们还没到明白父母心的年龄。他们可以埋怨父母的娇惯和期待超重,却永远不该埋怨父母对自己的情感超重。

孤单的雪人

今年冬天，北京下了场大雪。雪一下子堆得老厚，白皑皑的，路上像铺了一层绒绒的地毯，这真是北京城难得见到的美景。

那天清早，我看见路旁一家小餐馆前堆起了一个雪人，是在这家餐馆打工的几个外地年轻人冒着严寒堆起来的，他们冻得满脸通红却堆得兴致勃勃。雪人挺漂亮，胡萝卜插成的鼻子，彩纸做成的眼睛，用花花绿绿的挂历叠成的贝雷帽，手臂里还夹着一根长长的树枝，枝头上挂着几个彩色的气球和几片彩色布条做成的小旗子……雪人融入了几个外地年轻人尽情的想象，是冬天和他们彼此赠予的最好的礼物了。那时，天上的雪花正在飘飘洒洒，街头一片冰清玉洁，宛若童话的世界。那个漂亮的雪人仿佛活了一样，在这飘飞的雪花中轻盈地舞动……

这个漂亮的雪人引来了不少过往行人的注目——它确实堆得挺别致可爱的。有的人还跳下自行车跑过来看看它，开心地一笑。特别是孩子们，围着它打雪仗，笑声随着雪花飞扬，溅得四处都是。在雪小些的时候，许多家长回家拿来照相机，领着孩子和这个漂亮的雪人合影留念。这个在纷纷扬扬的大雪中诞生的雪人，给这条街增添了不少的欢乐。

　　雪停之后，因为气温依然出奇地冷，雪许多天不化。缺少了雪花的陪伴，这个漂亮的雪人显得有些寂寞。人们渐渐失去开始见到它时的兴致，走过它的身边，连看都不看它一眼，它便显得越发孤零零。因为缺乏飘落的雪花的装点，又因为来来往往汽车排放的废气和附近工厂烟囱冒出的烟尘的污染，仅仅几天，雪人就变得灰蒙蒙、黑黢黢的了，仿佛是一个受冷遇又受气的灰姑娘了。

接着，没过两天，雪人手臂中夹着的枝条上的气球破了，彩色布条做成的小旗被人随手扯下来扔在一旁；然后，雪人的胡萝卜鼻子被拔下来狠狠地插在肚子上，漂亮的贝雷帽被撕成碎片撒满一地；雪人已经无可奈何地残疾，但还有人不放过它，路过它的身旁的时候，狠狠地朝它的身上踩几脚，雪块坍塌下来，雪人的头、胳膊……随着就掉落在地上。雪人再不是雪人，成了一堆脏兮兮的垃圾了。

一个漂亮可爱的雪人，就这样在人们的手中被创造、被破坏了。

让我多少感到痛心的是破坏它的人大多是可爱的孩子。我亲眼看见好几个孩子路过它的身旁，毫无缘由地踩它，把它当成靶子，拿雪块、石头砸它。而这些孩子里有不少恰恰在前几天还围绕在它身旁，欢乐地打雪仗，或者脸上绽开酒窝和它合影留念。

我更无法理解的是参与破坏的还有当初创造它的人们。小餐馆里的那几个外地年轻人出来倒脏水就那样毫无顾忌地倒在雪人身上，尤其当雪人坍塌，剩下的半拉身子更成为他们倒脏水倒污物的垃圾桶了。

看来，雪人最好的命运，是在雪天里诞生，然后立刻消融在雪后的阳光下，消融得没有一点影子。这样，它只会看见我们人类欢乐的前一半，不会看见我们随心所欲破坏的后一半。

公交车落下的花瓣

  那天等公交车，站台上，我前面站着两个姑娘，看装束模样，像打工妹。寒风中，车好久没有来，两人聊得挺带劲儿，时不时忍不住咯咯笑。
  其中一个系着红头巾的女人对戴着黑白相间毛线帽的女人说起自己和老公的一次吵架，说得兴味盎然。我听得真真的，是去年夏天，她和老公吵架，一气之下，跑出了家门，一走走老远，走到天快黑了，想起回家，坐上公交车，才发现自己穿的连衣裙没有一个兜，自然没带一分钱。她对戴毛线帽的女人说：你知道我和我老公结婚后租的房子挺偏的，得倒两回车，没钱买票，心想这可怎么办？我就对售票员说我忘了带钱，你让我坐车吧。人家还就真的没跟我要钱。倒下一趟车的时候，我又说我忘了带钱，你让我坐车吧，人家又没跟我要钱。我都到家了，我老公还在外面瞎找我呢，等他回来天都黑了，他进门看我在家里，问我是不是打车回来的？我笑他，没带一分钱，还打车呢？说着，两个女人都像得了喜帖子似的笑了起来。售票员的善意，让小夫妻之间不愉快的吵架也变得有了滋味。

重读《那片绿绿的爬山虎》——肖复兴的12堂写作课

毛线帽对红头巾说：北京公交车售票员小丫头片子的眼睛长得都比眉毛高，没刁难你，让你白坐车，算是让你碰上了！

红头巾对毛线帽说：要不待会儿来车了，你也试试？你就说没带钱，看看是不是和我一样，也能碰上好人？

毛线帽拨浪鼓似的连连摆头：我可不敢，让人家连卷带损的数落一顿，别找那不自在！

红头巾却一个劲儿地怂恿，边说边推了一把毛线帽：没事，你试验一次嘛！

毛线帽回推了一把红头巾：要试你试！

红头巾撇撇嘴：胆子这么小，我试就我试！

正说着，公交车已经进站，停在她们的前面，车门吱的一声开了。两人脚跟着脚的上了车。车上的人不算多，有个空座位，两人让给了我，好像故意让我看她们接下来的表演。

红头巾走到售票员的前面，毛线帽拽着吊环扶手没动窝，眼瞅着她怎么张开口。售票员是位四十来岁的大嫂，眼睛一直盯着向自己走过来的红头巾，以为是来买票的，没有想到红头巾说：阿姨，我忘了带钱了，您看看能不能让我坐车呀？售票员面无表情，抬起手，一根细长的食指毫不客气地指指后面的毛线帽说：你没带钱，她也没带钱怎么着？

得，今天遇到的售票员不是个善茬儿，试验刚开始，就卡壳了。幸亏红头巾反应得快，回过头也指了指毛线帽说：我们不是一起的。毛线帽只好配合着赶紧摆手又摇头。谁知售票员久经沙场，眼睛里不容沙子，对她们两人说：行啦，进站时候我早看见了，你们俩推推搡搡连打带闹的，还说不是一起的！

像一只气球，还没飞起来，就被一针无情的扎破，满怀信心想试验一把，让夏天那个美好的回忆重现，没想到演砸了。红头巾一下子尴尬起来，瘪茄子似的耷拉着头，不知如何是好。售票员步步紧逼，嘴里不停地说：快着吧，麻利儿的赶紧掏钱买票，一块钱一张票都舍不得花？说得满车厢的人的目光都落在红头巾的身上，毛线帽赶紧走上前去，掏钱替红头巾买了票。红头巾才像沉底的鱼又浮上水面缓过了神儿，对售票员解释：阿姨，不是我不想买票，我是想试验一下，看……售票员撕下票塞在她的手里打断她：行啦，试验什么呀？像你这样逃票的，我见得多了！

我心里在想，售票员应该把红头巾的话听完，就明白了红头巾坚持试验的一点小小的愿望，兴许就是另一种结局。但也说不好，即使知道了红头巾试验的愿望，没准照样是这种结局。

车开了两站，我到了，车门打开，刚下车，发现那两个女人也下了车，落荒而逃似的从我身旁跑走，只是一边跑一边咯咯地笑。过了很多天，脑子里还总是出现这个场面。有一天，忽然莫名其妙地想起美国诗人庞德曾经写过一首叫《在一个地铁车站》的诗，很短，只有两句："人群中这些面孔幽灵一般显现，湿漉漉的黑色枝条上的许多花瓣。"事后庞德解释这首诗时说，他是在巴黎一个地铁车站，走出车厢的时候，看见一个美丽的儿童的面孔，一个美丽的女人的面孔。我很难想象，如果庞德看到这两个落荒而逃的女人的面孔，会觉得还像美丽的花瓣吗？

阳光的三种用法

童年住在大院里，都是一些引车卖浆者流，生活不大富裕，日子各有各的过法。

冬天，屋子里冷，特别是晚上睡觉的时候，被窝里冰凉如铁，家里那时连个暖水袋都没有。母亲有主意，中午的时候，她把被子抱到院子里，晾到太阳底下。其实，这样的法子很古老，几乎各家都会这样做。有意思的是，母亲把被子从绳子上取下来，抱回屋里，赶紧就把被子叠好，铺成被窝状，留着晚上睡觉时我好钻进去，被子里就是暖乎乎的了，连被套的棉花味道都烤了出来，很香。母亲对我说："我这是把老阳儿叠起来了。"母亲一直用老家话，把太阳叫老阳儿。

从母亲那里，我总能够听到好多新词儿。把老阳儿叠起来，让我觉得新鲜。太阳也可以如卷尺或纸或布一样，能够折叠自如吗？在母亲那里，可以。

街坊毕大妈，靠摆烟摊养活一家老小。她家门口有一口半人多高的大水缸。冬天用它来储存大白菜，夏天到来的时候，每天中午，她都要接满一缸自来水，

骄阳似火，毒辣辣地照到下午，晒得缸里的水都有些烫手了。水能够溶解糖，溶解盐，水还能够溶解阳光，大概是童年时候我最大的发现了。溶解糖的水变甜，溶解盐的水变咸，溶解了阳光的水变暖，变得犹如母亲温暖的怀抱。

毕大妈的孩子多，黄昏，她家的孩子放学了，毕大妈把孩子们都叫过来，一个个排队洗澡，毕大妈用盆舀的就是缸里的水，正温乎，孩子们连玩带洗，大呼小叫，噼里啪啦的，溅起一盆的水花，个个演出一场哪吒闹海。那时候，各家都没有现在普及的热水器，洗澡一般都是用火烧热水，像毕大妈这样法子洗澡，在我们大院是独一份。母亲对我说："看人家毕大妈，把老阳儿煮在水里面了！"

我得佩服母亲用词儿的准确和生动，一个"煮"字，让太阳成为了我们居家过日子必备的一种物件，柴米油盐酱醋茶，这开门七件事之后，还得加上一件，即母亲说的老阳儿。

谁家都离不开柴米油盐酱醋茶，但是，谁家又离得开老阳儿呢？虽说如同清风朗月不用一文钱一样，老阳儿也不用花一分钱，对所有人都大方而且一视同仁，而柴米油盐酱醋茶却样样都得花钱买才行。但是，如母亲和毕大妈这样将阳光派上如此用法的人家，也不多。需要一点智慧和温暖的心，更需要在艰苦日子里磨炼出的一点儿本事，这叫作少花钱能办事，不花钱也能办事，阳光才能够成为了居家过日子的一把好手，陪伴着母亲和毕大妈一起，让那些庸常而艰辛的琐碎日子变得有滋有味。

对于阳光，大人有大人的用法，我们小孩子也有小孩子的用法。我家的邻居唐家大人是个工程师，他家有个孩子，比我大两岁，很聪明，就算喜欢招猫逗狗，总爱别出心裁玩花活儿。有一次，他拿出他爸爸用的一个放大镜，

招呼我过去看。放大镜我在学校里看见过，不知他拿它玩什么新花样。我走了过去，他在放大镜底下放一张白纸，用放大镜对着太阳，不一会儿，纸一点点变热，变焦，最后居然烧着了起来，腾的蹿起了火苗，旋风一般把整张白纸烧成灰烬。

又有一次，他拿着放大镜，撅着屁股，蹲在地上，对准一只蚂蚁，追着蚂蚁跑，一直等到太阳透过放大镜把那只蚂蚁照晕，爬不动，最后烧死为止。母亲看见了这一幕，回家对我说：老唐家这孩子心这么狠，小蚂蚁招他惹他了，这不是拿老阳儿当成火了吗？你以后少和他玩！

有一部电影叫作《女人比男人更凶残》。有时候，小孩比大人更心狠，小孩子家并不都是天真可爱。

草是怎样一点点绿的

住在芝加哥的时候，楼后紧挨着一个叫尼考斯的街心公园，四月份了，却还是一片枯枯的，没有一点颜色。因为天天从公园穿过，到芝加哥大学去，公园成了我新结识的朋友，它的草地、树丛、山坡、网球场，还有一个小小的植物园，都成为我每天的必经之地，它们一点一滴的变化，都逃不过我的眼睛，好奇心让我观察着它们的变化，像看着一个孩子从爬到走到满地跑一天天长大。

最先让我惊喜的是，有一天清早，我忽然看到公园的草地突然绿了，虽然只是毛茸茸的一层鹅黄色的浅绿，却像事先约好了一样，突然从公园的四面八方一起向我跑来。前一天的夜里刚刚下了一场春雨，如丝似缕的春雨是叫醒它们的信使。

我看着它们一天天变绿，渐渐铺成了茵茵的地毯。蒲公英都夹杂在它们草叶间渐渐冒出了小黄花骨朵。但树都还没有任何动静，还是在风中摇动着枯涩的枝条，任草地上的草旺绿旺绿聚拢着浓郁的人气，真是够沉得住气的。

一直快到了五一节,才见网球场后面的一片桃花探出了粉红色的小花,没几天,公园边上的一排排梨花也不甘示弱地开出了小白花。然后,看着它们的花蕾一天天绽放饱满,绯红色的云一样,月白色的雾一样,飘落在公园的半空中了。尼考斯公园一下子焕然一新,春意盎然起来。

然后,金色的连翘花也开了,紫色的丁香花也开了,每一朵,每一簇,我都能看得出来它们的变化。变化最快的是连翘,昨天才看见枝条上冒出几星小黄花,今天就看见花朵缀满枝条悬泻下满地的黄金。变化最慢的是一种我叫不上名字的树,很高,开出的花米粒一般,很小,总也见它长不大。近处看,几乎看不到它们,远远地望,一片朦朦胧胧的玫瑰红,在风中摇曳,如同姑娘头上透明的纱巾。这种树,在芝加哥大学的图书馆前的甬道旁铺铺展展的一大片,那玫瑰红便显得分外有阵势,仿佛咱们的安塞腰鼓一样腾起的遮天蔽日的云雾,映得校园弥漫在玫瑰色的雾霭之中。

再有变化慢的是树的叶子,几乎所有的花都开了,树的叶子还没有长出来,无论是榉树、梧桐,还是朴树或加拿大杨。一直到芝加哥大学教学楼的墙上的爬山虎都绿了,尼考斯公园草地间的蒲公英的小黄花都落了,长出伞状的

蓬松而毛茸茸的种子，它们才很不情愿地长出了树叶。我看见它们一点点冒出小芽，一天天长大，把满树染绿，在风中摇响飒飒的回声。

我知道，这时候才是芝加哥的春天真正地到来了。我才发现，这是我平生头一次从头到尾看到了春天一步步地向我走来的全过程。像看一场大戏，开场锣鼓是草地上的草，定场诗是公园里的花，压轴戏是一树树参天而清新的绿叶。

我忽然想起在北大荒插队的时候，因为那时常常要打夜班脱谷或收大豆、收小麦，在无边的田野上，坐在驮满麦子和豆荚的马车上回生产队的时候，能够看到夜色是怎样退去，鱼肚白是怎样露出在遥远的地平线上，晨曦又是怎样一点点染红天空，最后，太阳是怎样跳上半空中。生平第一次从头到尾看到天是怎样亮的，就是在北大荒。回到北京之后，我再也没有看到这样天亮的全过程了。

同样，在北京，我也从来没有看过草是怎样一点点绿，花是怎样一点点开，树叶是怎样一点点长出来，春天是怎样一步步走来的全过程。也许，不该怪罪我们的城市，也不该怪罪人生的匆忙，是我们自己把自己的眼睛和心磨得粗糙和麻木，在物质至上的社会里，我们顾及的东西太多，便错过了仔细感受春天到来的全过程。只因为清风朗月不用一文钱，便徒让我们感叹良辰美景奈何天了！

萤火虫

想起去年夏天,在美国普林斯顿一个社区里,我和一对来自上海的老夫妇聊天,都是来看望孩子的,便格外聊得来,家长里短,上至天文地理,下至鸡毛蒜皮,聊得兴致浓郁,竟然忘记了时间,从夕阳落山到了繁星满天时分。那时,我们坐在一泓小湖旁边的长椅上,面前是一片开阔的草坪,一直连到湖边。当夜色如雾完全把草坪染成墨色的时候,抬头一看,忽然看见草坪中有光一闪一闪在跳跃,再往远看,到处闪烁着这样一闪一闪的光亮。由于四周幽暗,那一闪一闪的光显得格外明亮,最开始的感觉,它们是上下在跳,高低不一,但跳跃得非常有节奏,仿佛带着音乐一般,让人觉得有种置身童话世界的感觉。

起初,我没有反应过来,那光亮是什么东西,感到非常惊讶,竟然傻乎乎地叫道:"这是什么呀?"老夫妇去年就来过这里,早见过这情景,已经屡见不鲜,笑着告诉我:"是萤火虫。"我不好意思地对他们说:"我都有好几十年没有见过萤火虫了。"他们连声道:"是啊,是啊,在我们的城市里,

第10堂课 怎样选择材料

已经见不到萤火虫了。"

　　想想，真的是久违了，我以前看见的萤火虫，还是童年，住在北京胡同里的大院的时候。算算日子，至少有五十年的光阴了。那时，我住在一个叫粤东会馆的三进三出的大院里，在花草中和墙角处，不仅能见到萤火虫，还能听得见蟋蟀、油葫芦和纺织娘的叫声。夏天的夜晚，满院子里疯跑捉萤火虫，然后把萤火虫放进透明的玻璃小瓶里，制作我们自认为的"手电筒"，再满院子里疯跑，是我们孩子最爱玩的游戏。

　　如今，在北京，不仅这样的四合院越来越少，就是有这样的四合院如果仅存，孩子们也再见不到萤火虫，玩不成这样的游戏了。如今的城市，有霓虹灯和电子游戏，比萤火虫的闪烁要明亮甚至炫得神奇，但是，那些毕竟是人工的，不是来自大自然的光亮。如今，童话般的心理感觉和视觉冲击，往往来自电脑制作或3D电影。其实，对于孩子，乃至成年人，那种童话般的感觉和感动，更多的应该是来自大自然。现在越来越高科技现代化的城市，隔膜住了大自然，让我们远离了大自然。

　　之所以想起了去年和萤火虫重逢的事情，是前两天在报纸上看到一则这样的消息：如今，在淘宝网上可以买到萤火虫。每只萤火虫卖3元到4元，一般批量出售是以一百只萤火虫为单位的。接到订单之后，商家指派人到野外去捉萤火虫，但大多数是在人工仿生态的环境下人工饲养的。把萤火虫捉到后，把它们装进扎了小孔的塑料瓶里，空运过来。这些活体萤火虫用于情侣放飞、婚庆气氛的营造。网上的广告上说：送她可爱的萤火虫，可以营造出非常温馨浪漫的情调。

心里不禁有些感慨。曾经伴我们儿时游戏的萤火虫，如今被发现了身上具有的商业价值。是什么让它们具有了商业价值？城市赶走了它们，再把它们请回来的时候，它们就摇身一变。这样坐着飞机千里迢迢而来的萤火虫，不再是我们的朋友，而成为了我们花钱买来的商品，放飞的还是以前我们曾经拥有过的童话感觉或浪漫感觉吗？

　　想起了法国作家于·列那尔写过的一首题为《萤火虫》的散文诗，只有一句话："有什么事情呢？晚上九点钟了，他屋里还点着灯。"如今，他屋里还能够为我们点着灯吗？

北京的门联

我一直以为，门联最见老北京的特色。这种特色，成为了北京的一种别致的文化。国外的城市里，即便有古老宏伟的建筑，建筑有沧桑浑厚的门庭，但它们没有门联。就像它们的门庭内外有可以彰显它们荣耀的族徽一样，北京的门联，就是这样的族徽一般醒目而别具风格。有据可考，北京最早的门联出现在元代之初，元世祖忽必烈请大书法家赵孟頫写了这样一副门联：日月光天德，山河壮帝居。可见门联在北京的历史之久了。当然，这样的帝王门联，是悬挂在元大都的城门之上的。我这里所说的门联，是指一般人们居住的院子大门上的那种。但我相信彼此只有地位的不同，其形态与意义，是相似的，也可以说，是一脉相承的。北京院落大门之上的门联，是忽必烈门联的变种，衍化而已，就像皇家园林变成了四合院里的盆景。

说起北京的门联能够兴起，和老北京城的建筑格局有关。老北京的建筑格局是有自己的一套整体规划的。从紫禁城到左祖右社、四城九门，一直辐射到密如蛛网的街道胡同，再到胡同里的大宅门四合院，再到四合院的门楼

第10堂课　怎样选择材料

影壁屏门庭院走廊，一直到栽种的花草树木，都是非常讲究的，是配套一体的。而作为老北京最具有代表性特征的四合院，大门是给人的第一印象，就像给人看的一张脸，所以叫作门脸儿，自然格外重视。老北京四合院大门，皇帝在时，是不允许涂红色，都是漆成黑色的，只有到了民国之后，大门才有了红色。所以，现在如果看到那种古旧破损的黑漆大门，年头是足够老的了，而那种鲜亮的红漆大门，大多是后起的暴发户。

老北京四合院的大门，一般都是双开门，这不仅是为了大门的宽敞，而是讲究中国传统的对称，这就为门联的出现和普及提供了方便，门联便也就成为了大门的一种独特的组成部分。这种最讲究词语和词义对仗的门联，和左右开关的对称大门，正好剑鞘相配，一拍即合。在老北京，这样的四合院大门上，是不能没有门联的，门联内容与书写水平的高低，体现着主人的文化，哪怕是为了附庸风雅呢，也得请高手来为自己增点儿门面——你看，提到了这个门面的词儿，北京人，一贯是把门和脸放在一起等同看待的。

现在，外地人外国人看北京，看什么呢？胡同越来越少了，四合院越来越少了，大门上的门联，一般都得有百年左右的历史，随着岁月风霜的剥蚀，本来就已经所剩不多，这样的胡同和四合院大批量的拆迁，自然也就越发难以见到了。我还发现，前几年曾经亲眼看见的门联，现在，有的已经看不清楚了，有的索性连门带院都夷为平地了，许多你认为美好有价值的事物，被当成废土垃圾一起清除，好像一切以新建大楼的建筑面积来计算价钱了，而且还能够翻着跟头一样连年翻番。

我只能把我这几年跑街穿巷所看到的一些门联，赶紧介绍给大家，有兴趣者，可以前往一观，兴许过不了多久，它们便再也看不见了——

诗书修德业，麟凤振家声；
　　读书使佳，好善最乐；
　　多文为富，和神当春；
　　绵世泽不如为善，振家业还是读书；
　　芳草瑶林新几席，玉杯珠柱旧琴书；
　　忠厚培元气，诗书发异香。

　　这几副门联，都是讲究读书的，我们的祖先是崇尚万般皆下品，唯有读书高的。所以，老北京的门联里，这类居多，最多的是"忠厚传家久，诗书继世长"。这几副门联，写的意思是一样的，但特色不一样，要我来看，"多文为富，和神当春"，写得最好。如今，讲究一个"和"字，但谁能够把"和"字当作神和春一样虔诚地看待呢？又有谁能够把文化的多少决定着你未来富有的基础来对待呢？再看"忠厚培元气，诗书发异香"，以前院子的主人是一个卖姜的，你想想，一个卖姜的，都讲究诗书，多少让现在我们的大小商人脸红。

　　经营昭世界，事业震寰球；
　　及时雷雨舒龙甲，得意春风快马蹄；
　　恒占大有经纶展，庆洽同人事业昌。

　　这三户主人都是商家，但三副门联写得直白而坦率。老北京，这类门联也颇多，最有代表性的莫过于"生意兴隆通四海，财源茂盛达三江"了。

同为商家，"吉占有五福，庆集恒三多"，写得略好，吉庆也是商家的字号，嵌在联里面；五福即寿、富、康、德和善终；三多即多福多寿多子孙；都是吉利话，但具体了一些。

"源头得活水，顺风凌羽翰""源深叶茂无疆业，兴远流长有道财""道因时立，理自天开"，这三副，前两副都说到了经商之"源"，后两副都说到了经商之"道"，第一副比第二副说得要好，好在含蓄而有形象；第三副比第一、二副说得也好，这是一家当铺，后来当过派出所，不管干什么，都得讲究个道和理，好就好在把道和理说得与时世和天理相关，让人心服口服，有敬畏之感，不敢造次。

再看，"定平准书，考货殖传"，"平准"和"货殖"均用典，货殖即是经商；平准，则是在汉朝时就讲究的经商价格的公平合理，那时专门设立了平准官；虽然显得有些深奥，但讲的是经商的道德。

"生财从大道，经营守中和"，说得朴素，一看就懂，讲究的同样是经商的一个道德，前后对比，却是一雅一俗，古朴兼备，见得不同的风格。

能够将门联既作得有学问，又能够一语双关，道出自身的职业特点的，是这类门联的上乘，也是更为常见的。"义气相投裘臻狐腋，声名可创衣赞羔羊"，一看就是经营皮货买卖的，是户叫义盛号的皮货商。"恒足有道木似水，立市泽长松如海"，一看就是经营木材生意的，而且将自己的商号含在门联的前一个字中，叫恒立。能够让人驻足多看两眼，门联就是他们的漂亮而别致的名片。

将门联作为自己的名片，让人一眼看到就知道院子主人是干什么的，也是北京门联的一个特点，一种功能。比如卖酒的：杜康造酒，太白遗风；看病的：

杏林春暖，橘井泉香；洗澡的： 金鸡未唱汤先热，玉板轻敲客远来；剃头的：虽为微末生意，却是顶上功夫……可惜的是，这里好多在小时候还曾经看到过的门联，如今已经难得再见。我见到的，只有北大吉巷43号的：杏林春暖人登寿，橘井宗和道有神。那是老中医樊寿延先生的老宅。还有钱市胡同里几副：增得山川千倍利，茂如松柏四时春；全球互市翰琛书，聚宝为堂裕货泉；万寿无疆逢泰运，聚财有道庆丰盈；聚宝多流川不息，泰阶平如日之升。都是当年铸造银锭的小作坊。

当然，在门联中，一般住户，不在意那些的一语双关，着意家庭的更多，或祝福家声远播，家业发达——

河内家声远，山阴世泽长；
世远家声旧，春深奇气新；
子孙贤族将大，兄弟睦家之肥。

或祝福合家吉祥，太平和睦——

居安享天平，家吉征祥瑞；
家祥人寿，国富年丰；
瑞霞笼仁里，祥云护德门。

或期冀水光山色，朋友众多，陶冶性情——

山光呈瑞泉，秀气毓祥晖；

圣代即今多雨露,人文从此会风云;
林花经雨香犹在,芳草留人意自闲。

但更多的还是讲究传统的道德情操——

"惟善为宝,则笃其人",讲的是一个善字。"恩泽北阙,庆洽南陔",诗经里有"南陔"篇,讲的是一个孝字。

"文章利造化,忠孝作良园",讲了一个孝字,又讲了一个忠字。

"门前清且吉,家道泰而康",讲的则是做人的清白。"芝兰君子性,松柏古人心",讲的则是心地品性。只不过,前者说得直截了当,后者用了比兴的古老笔法。而"古国文明盛,新民进化多",则可以看出完全是紧跟民国时期的新潮步伐了。

最有意思的是,草厂五条27号,它原来是湖南宝庆会馆,很深的左右两层大院,高台阶,黑大门,那副门联不是在大门上,而是刻在门两旁的塞余板上,很特殊。"惟善为宝,则笃其人"。

遗憾的是,我所看到的,仅仅是老北京门联的一小部分了,不知还有多少精彩的,已经和我们失之交臂。仅就我听说的,原广渠门袁崇焕故居就有:自坏长城慨古今,永留毅魄壮山河。大外廊营谭鑫培英秀堂老宅有:英杰腰间三尺剑,秀士腹内五车书。烂漫胡同东莞会馆有:奥峤显辰钟故里,蓟门风雨引灵旗。海柏胡同朱彝尊故居的古藤书屋有:一庭芳草围新绿,十亩藤花落古香。粉房琉璃街的新会会馆有:新诗日下推新彦,会客花间话早朝……当然,再往前数,在曾朴的《孽海花》里,还记录着保安寺街曾经有过的一副有名的门联:保安寺街藏书十万卷,户部员外补阙一千年。此门联民国时还在，曾经让朱自清先生流连颇久。自然，那都是前尘往事，显得离我那样的遥远了。

我最喜欢的是在东珠市口大街的冰窖厂胡同曾经有过的一副门联：地连珠市口，人在玉壶心。以玉壶雅喻冰窖厂，地名对仗得如此工整和古趣，实在难得。我一连去冰窖厂胡同多次，都没有找到这副门联；也曾多方向老街坊打听，也没有打听到这副门联曾经出现在哪一家院落的大门上。

有一阵子，我迷上了门联，胡同串子似的到处乱窜，像寻宝一样地寻觅门联。因为我心里隐隐地感觉，这样的门联，也许快要成为"夏季里最后一朵玫瑰"了。有一次听人告诉我，在宣武门外校场口头条47号有一副门联，格外难认，却保存完好，我立刻赶过去，一看，像小篆字，又像钟鼎文，古色古香，其中几个字，我也认不得。一打听，才知道门联是：宏文世无匹，大器善为诗。再一打听，此院原住的是我汇文老校友、前辈学者吴晓玲先生，这样的门联只有他这样学富五车的人才匹配。去的时候，正是夏天，院子里有两棵大合欢树，绯红色的绒花探出大门，与门联相映成趣，很是难忘。

还应该补充这样几个门联，都是独眼一般半副。一在南柳巷林海音故居对面51号，右边半扇门上，"香光随笔是为画禅"。一在杨梅竹斜街90号，左边半扇门上，"合力经营晏子风"。后者，大院里新搬来一户，就住在大门的右边，为了把房子往外扩大一些，人家和房管局的人认识，就把右边的大门给卸了，换上了一扇小门，便只剩下了这半副门联，这么多年来，让晏子一人孤胆英雄一般独挡风雨。

另一在长巷五条路东一个小院，只剩下半扇门，摇摇欲坠，破裂得木纹纵横，但暗红色漆皮隐隐还在，凸刻着"荆楚家风"。过了几天，我路过那里，门联没有了，换上了两扇新门，涂着鲜红的油漆，像张着涂抹劣质口红的两瓣嘴唇。

真的，在越来越多的四合院和胡同的拆迁下，在越来越多的高楼挤压下，我觉得这样的门联快看不见了，或者说要看以后得去博物馆看了。在唯新是举的城市建设思维模式下，大片的老街巷被地产商所蚕食，拔地而起的高楼大厦，似乎要比四合院更有价值，却不知道没有四合院的依托，北京城还是北京城吗？没有了四合院，那些存活了近百年的门联，上哪儿去看呢？那些同欧洲房子前的雕塑和族徽一样，是北京自己身份的证明呀。我们就像狗熊掰棒子，为了伸手摘取自以为是的东西，轻而易举地丢弃了最可宝贵的东西。

前两天，我陪来自美国的宝拉教授去大栅栏，特意去了一趟钱市胡同，窄窄的胡同里，静无一人，那几副老门联还在，只是有的已经字迹模糊了。其实我才两三年没去那里，日月风霜的剥蚀，比想象的要快。

老北京的门联啊！

写作提示
选择材料如同装修房子

重复的作用——素材的选择

一般而言，文章忌重复。但是，有的时候，重复又能够起到特别的作用。过去讲"一唱三叹"，就是重复。"三叹"的重复，是为了那"一唱"服务的。文章中出现的重复，是文章写作的一把双刃剑，关键看怎么用，在什么时候什么地方用。用得好，会使得文章有了迂回的味道，也能够为文章添彩。

《超重》这篇文章，重点写的是那个去英国读书的儿子和他母亲，在机场托运行李超重时的一点冲突。后面紧接着又写那个要去法国读书的女孩和她父亲，也是为托运行李超重时的冲突。很显然，事情本身即行李"超重"，和事情发生时该孩子和家长的冲突，孩子毫无顾忌地冲家长的埋怨甚至发火，以及家长的无奈，其语言和行为方式，都是明显的重复。

为什么要这样重复？只写其中一件事行不行？

当然，写好其中的一件事可以，那是另一种写法。这里所用的重复，是有意为之的，这个作用，便是加强对于"超重"这一事情的关注，在同一天，同一个机场，甚至是同一个时间段里，竟然发生着这样完全雷同的事情，特别是孩子们面对"超重"时的表现，竟然如此的不谋而合，仿佛上演同一幕的戏剧，说明了什么？为什么会有这不谋而合的雷同？可以说，正是前后目睹了这样的重复，让我的内心受到了冲击，说实在的，心里并不好受。这不仅引起我当时的注意和思考，同时在写文章时，也想通过这样的重复引起读者同样的注意和思考。

有了这样的重复，文章最后的感叹，才增添了分量："独生子女的一代，理所当然地觉得可以把一切不满和埋怨发泄给父母。养儿方知父母恩，他们还没到明

白父母心的年纪。他们可以埋怨父母的娇惯和期待超重,却永远不该埋怨父母对自己的情感超重。"而引发的关于独生子女一代的感叹,是出自文章的重复。它们自然而然地让人们由此而引起这样的感叹:现在的孩子们怎么都变成这样子了呢?便从个别的现象引起了代际矛盾的思考。如果只是一个孩子关于"超重"的事情,可以是个别的现象,文章所推而广之的对"独生子女"一代的感叹,就会削弱了分量,文章的主题,便很容易在一人一事中浅尝辄止。

再看《孤单的雪人》,在这篇文章中,前后两个孩子堆雪人和在雪人前照相的情景,明显也属于重复。之所以选择了这样两件重复的事情,把它们有意放在一起来写,其目的和《超重》一样,也是希望借助重复来加强文章所表达的主旨。

在两篇文章中两次重复之间,分别都出现了作者"我"的穿插。在《超重》中,是那个男孩子和母亲发生冲突的时候,我走了过去,和母子俩的一段交流。在《孤单的雪人》中,是我想起了自己童年时堆雪人、打雪仗的情景。这样两段穿插,它们所起到的前后两次的重复之间的过渡和衔接作用,是非常明显的。如果没有这样的穿插,前后的两次重复,紧密地凑在一起写,就会显得有些生硬,缺少必要的过渡。更重要的一点,是能够加强对文章主旨的表达和深化。在《孤单的雪人》中,其作用更为明显。回忆"我"童年堆雪人、打雪仗,目的是和眼前的孩子作比较,如今的孩子缺少了以前和雪亲密接触过程中所带来的天然乐趣,雪人失去了童年独有的生命力,简化为照相的一个道具。如果缺少了这样一个穿插,文章的收尾便显得有些仓促,前后两次重复的作用,也就相应地减弱。

借水行船——文章中材料的引用

《公交车落下的花瓣》,这篇文章最初的题目叫作《公交车试验》。写的内容是两位外地的姑娘乘坐公交车的一则小事。其中一位姑娘曾经有过一次乘车忘记带钱,和售票员一说,售票员却让她坐车的难忘经历。这一次她们想如法炮制,却被售票员拒绝。其实，她们并不是有意要逃票，只是想做个试验，没有想到，回忆的昔日重现和心头的美好愿望被迎头砸破。我想写的就是美好的愿望和现实的隔膜与距离。

最初文章就在两个姑娘被售票员拒绝后落荒而逃这里结束。写完之后，觉得不过是照相式的记录，还是缺些东西。最后，加上了现在文章最后的一段，引用了美国诗人庞德的那首诗《在一个地铁车站》："人群中这些面孔像幽灵一般显现，湿漉漉的枝条上的许多花瓣。"题目也改为了《公交车落下的花瓣》。是想说如果庞德看到这两个落荒而逃的女人的面孔，会觉得还像美丽的花瓣吗，以此强化一下想象和现实的矛盾的话题。想象被现实击碎，花瓣便不再美丽。

写完之后，我也曾犯过犹豫，觉得增添庞德的这一笔，会不会是画蛇添足。但是，我想，增添的这一笔，也许还是利大于弊的。因为多少可以增添一点我们对那两个姑娘的试验流产的一些思考，增添一点这两个姑娘试验初衷那种美好愿望和形象的书写，而不是像以前那样，只留下两个姑娘落荒而逃的背影，只有些漫画的感觉。

文章中引用他人的材料来丰富自己的内容，加强自己的言说，引申自己的主题，是写作常用的一种方法。我喜欢用这种方法，因为自己的力量不足，常常需要借力，就如同我们站在巨人的肩膀上，才可以看得更高更远，也才能够得到树上原本不能够到的果子或花枝。

我管这种方法叫作"借水行船"。

在这里，需要提醒同学们注意的有两点：一是需要我们在平常多读一些书，材料的引用，信手拈来在于平常学习中的发现和积累，所谓"书到用时方恨少"。二是材料的引用要恰当，不宜太多太满，要适可而止，不可以为既然是"借水行船"，借来的水越多越好，越大越好。我们有些同学一般愿意把引用的材料占据文章很大的篇幅，怕说不清楚，便索性把材料都抄上去；或是以材料来替代文章的内容和自己的论述。

这两点，常常是材料引用臃肿问题的基本原因。前者是出于担心，后者是出于懒惰。

材料的引用，也需要锻炼。这就是作文基础学习和阅读练习中的发现和概括、缩写和改写的能力的训练。

把零散的珠子串起来——素材的处理方法一种

写作的时候，常常会出现这样的一种情况，摆在自己面前的素材有很多，不知该怎么处理才好。如果是一人一事还好，怕的就是素材多了，反倒按下葫芦起了瓢。

这里有两个问题需要解决。一是选材，先要从众多的素材中挑选出来为我所需的。什么样的素材叫为我所需？所需，就是自己好处理的那些素材。什么叫好处理？好处理，就是放在文章中既合适又好写的。

一般，我会选择相近和完全相反的两种。相近的，就好像把性情相近的动物或鸟关进一个笼子里，避免它们彼此打架，处理起来好办些。相反的，则色彩对比鲜明，写起来也好写。如果把这两者混加在一起，一般会比较难处理，尤其对于初学写作的同学而言。但加在一起的好处，是让所选择的这些素材有了对比，使得文章容易有跌宕起伏，更为热闹而精彩。这种方法比单一种素材集中一起的写法的便利之处，正在于此。

二是选材之后的具体处理。处理的法子多样多种。在这里，我介绍其中一种最简便易行的，我称之为"串联法"。

以《阳光的三种用法》为例。写的是童年往事。往事，并不是是事情就可以往上堆，写那么几件难忘的，不管它们之间有没有联系，茄子葫芦一起煮，就万事大吉。那样的话，往往容易东一榔头西一棒子，由于没有什么内在的联系，而写得零乱，自己想要说的不明确。

过去关于散文的写作有一句老话，叫作"形散而神不散"，说的是素材的运用看起来零散，但有一个"神"在那里统领着，便使得文章有了主心骨一样，是统一的。这个"神"，在我看来，其实没有那么神秘，就是能够串联起那些零碎素材的一根线，串起来了，那些零散的素材，就变成了闪烁的珠子，甚至是精彩绝伦的佛珠。先决条件，是要把那些相近或相反的素材挑出来，挑的过程，就是串的过程必不可少的前奏。

这篇文章中，我将童年中很多往事都筛下了，只剩下和阳光相关的三件事。那么，可以看出，所谓的选择是以一个主心骨为轴心的，阳光便是串联起那三件事情的主心骨。这三件事，分别是我母亲晒被子，说是可以"把老阳儿叠起来了"晚上睡觉时暖和；毕大妈让太阳晒大水缸里的水，晒得暖和了，等孩子们放学回来洗澡用；邻居家的孩子则用放大镜聚焦太阳光，把蚂蚁晒死。

首先，这三件事，分别去写，可以不可以呢？当然可以，只是会显得比较简单。把三件事放在一起写，有什么好处呢？

这三件事，前两件是相近的，后一件则是相反的。如果一味地相近，只是数量的叠加，没有质的变化，文章就会显得平。有了相反的事情出现，会造成对比，噢，阳光的用法，并不全是像母亲和毕大妈那样的温馨，还有像邻居家小孩子的那种残忍，阳光用法的含义便丰富了一些。串联起的珠子中有一颗色彩不一样的，便使得这串珠子的配色显得更跳跃些，而避免了色彩的单调，文章就跌宕起伏了一些。

需要注意的是，这种串联法所选择的那些相近和相反的素材的比例，一般是，后者是少于前者的。当然，这只是我的习惯选择，同学们可以有自己的选择。但有一条切记，便是不要弄得两者比例相当，打擂似的，会影响文章最后的跌宕和意义的突出。

糖葫芦法则——素材处理方法另一种

　　珠子串联法，自有其好处。单一素材集中在一起，便真的没有不同的珠子串联法好吗？或者一样可以简便易行吗？

　　其实，也不见得。什么样的方法，都是因文章的主旨而异的。文章确定的主旨，和文章选用的素材，两者的关系，是有相互作用力的，不一定非要以谁为主或为准。关键看你自己的需要。

　　这里所说的需要，一般指的是两个方面：一是根据自己所占有的素材来确定主旨，是现汤煮现面的方法；一是先确定好文章的主旨，再来选择相适配的材料，是根据自己房间的大小和风格，先有一个设计图，再来选择装修材料的需要和配备。这两个方面，有个先后的问题，先后的不同，材料的选择和处理的方法也就有所不同。

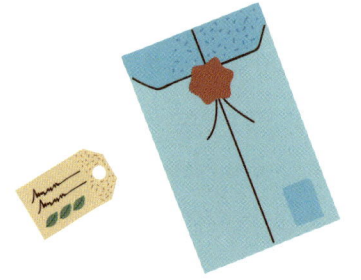

第11堂课　善于捕捉细节

Lesson 11

街上连狗的目光都变了

如今,走在街上,你会发现,来来往往的人们的目光,和以前大不一样。低头匆匆忙忙赶路的,他们的目光只停留在眼前的路上,那目光几乎是呆滞的。拇指一族打手机或发送短信的,他们的目光只停留在小小的手机上,那目光有时可以是旁若无人的,却几乎是隐晦的。也有一脸官司的,让你不敢和他那恼怒的目光相遇。也有满面狐疑的,让你看着他的目光感到恍惚。也有不少目光散失了焦点,如同没有缰绳的野马四处散逛。但是,看风景的很少,不少目光却是鬼鬼祟祟的,让你遇到他的目光,赶紧捂住自己的腰包,加快了自己的脚步。所以,前不久北京的公安部门提醒市民,当有人向你问路的时候,一定要和问路的陌生人保持距离,以防意外。

不管是宽阔的大街,还是偏僻而人少的小街,人们的目光越来越冷漠,越来越惶惑,越来越可疑。哪怕是最天真的孩子,遇到陌生人的目光,即使不像惊飞的小鸟一样立刻避开这样的目光,也会警惕地紧紧地拉住父母的手。

当然,大街上也常会看到热辣辣的目光,一般是男人投射到漂亮的女人身

上，或者是女人投射在帅小伙或所谓成功人士的身上，但那更多的并不是真正爱情意义的目光，更多的则是欲望毫无遮拦的宣泄。含羞半敛眉，眼媚双波溜，是千载难逢，难得一遇了。彼此可以金是衣裳玉是身，却难是眼如秋水目如霜了。

在夜晚，由于城市的污染和高楼的林立，已经很难看到瓦蓝色的夜空和夜空中的星星了。天阶夜色凉如水，卧看牵牛织女星，那种和夜色一样清澈的目光，也很难看到了。灿烂的霓虹灯和街灯，以及一街扑朔迷离的车灯闪烁，彻底替代了夜空的银河，我们的目光可以在书上轻而易举地找到自己的星座，却再也看不到北斗七星倒转斗柄的奇迹了。我们的目光便如一盏酒杯，只盛下了满眼扑来的灯红酒绿。

在书中，我们的目光也变得近视，乃至猥琐，甚至攫取式的贪婪。我们的目光已经很难和安徒生格林兄弟的童话相遇，也很难和莎士比亚或易卜生的戏剧相遇。如果不是为了应付考试，大概也不会和我们的唐诗宋词握手言欢；如果不是为了选秀，大概也不会和《红楼梦》相见甚欢。我们的目光更多地投入到了考试的辅导教材，投入到怎么学开车怎么玩股票怎么发财怎么升官怎么应对老板的书的上面。我们渴望捷径渴望暴发渴望一夜成名，我们的目光便很难再相信童话能够出现在眼前，莎士比亚的戏剧，也被我们改造成了《夜宴》式的欲望的淋漓尽致的展示。

　　在交往中，我们的目光变得越来越矜持，越来越彬彬有礼，越来越有日本味儿和西洋范儿，却也越来越程式化、格式化，甚至透着虚伪。就像罗大佑在歌里唱的："人们变得越来越有礼貌，可见面的机会却越来越少；苹果的价钱卖得比以前高，可味道没有以前好。"

　　缺少了天真和真诚，连街上的狗的目光，也变得小心翼翼，格外警惕的样子。

宽容是一种爱

西方有一个感恩节。那一天，要吃火鸡、南瓜馅饼和红莓果酱。那一天，无论天南地北，再远的孩子，也要赶回家。

总有一种遗憾，我们国家的节日很多，唯独缺少一个感恩节，我们也可以东施效颦吃火鸡、南瓜馅饼和红莓果酱，我们也可以千里万里赶回家，但那一切并不是为了感恩，团聚的热闹总是多于感恩。

没有阳光，就没有日子的温暖；没有雨露，就没有五谷的丰登；没有水源，就没有生命；没有父母，就没有我们自己；没有亲情友情和爱情，世界就会是一片孤独和黑暗。这些都是浅显的道理，没有人会不懂，但是，我们常常缺少一种感恩的思想和心理。

"谁言寸草心，报得三春晖""谁知盘中餐，粒粒皆辛苦"，我们小时候背诵的诗句，讲的就是要感恩。滴水之恩，涌泉相报；衔环结草，以报恩德，中国绵延多少年的古老成语，告诉我们的也是要感恩。但是，这样的古训并没有渗进我们的血液，有时候，我们常常忘记了，无论生活还是生命，都需要感恩。

蜜蜂从花丛中采完蜜，还知道嗡嗡地唱着道谢；树叶被清风吹得凉爽，还知道飒飒地响着道谢。但是，我们还不如蜜蜂和树叶，有时候，我们往往容易忘记了需要感恩。

没错，感恩的敌人，是忘恩负义。但是，真正忘恩负义的人毕竟是少数，大多数的人们常常对别人给予自己的帮助和情谊、恩惠和德泽，以为是理所当然，便容易忽略或忘记，有意无意地站在了感恩的对立面。难道不是吗？我们父母给予我们的爱，常常是细小琐碎却无微不至，不仅常常被我们觉得就应该是这样，而且还觉得他们人老话多，树老根多，嫌烦呢。而我们自己呢，哪怕是同学或是情人的生日，都不会错过他们的party，偏偏记不清父母的生日，就并不是什么奇怪的事情了。

懂得感恩的人，往往是有谦虚之德的人，是有敬畏之心的人。对待比自己弱小的人，知道要躬身弯腰，便是属于前者；感受上苍懂得要抬头仰视，便是属于后者。因此，哪怕是比自己再弱小的人给予自己的哪怕是一点一滴的帮助，这样的人也是不敢轻视、不能忘记的。跪拜在教堂里的那些人，仰望着从教堂彩色的玻璃窗中洒进的阳光，是怀着感恩之情的，纵使我并不相信上帝的存在，但我总是被那种神情所感动。

恨多于爱的人，一般容易缺乏感恩之情。心里被怨恨涨满的人，便容易像是被雨水淹没的田园，很难再吸收进新的水分，便很难再长出感恩的花朵或禾苗。

不懂得忏悔的人，一般也容易缺乏感恩之情。道理很简单，这样的人，往往唯我独尊，一切都是他对，他从来都没有错，对于别人给予他的帮助，特别是指出他的错误弥补他闪失的帮助，他怎么会在意呢？不仅不会在意，而且还可能会觉得这样的帮助是多余是当面让他下不来台呢。这样的人，心如冰硬板结的水泥地板，水是打不湿的，便也就难以再松软得能够钻出惊蛰的小虫来，鸣叫出哪怕再微弱的感恩之声来。

财富过大并钻进钱眼里出不来，和权力过重并沉溺权力欲出不来的人，一般更容易缺乏感恩之情。因为这样的人会觉得他们是施恩于别人的主儿，别人怎么会对他们施恩且需要回报呢？这样的人，大腹便便，习惯于昂着头走路，已经很难再弯下腰、蹲下身来，更难于鞠躬或磕头感恩于人了。

虽说大恩不言谢，但是，感恩一定不要仅发于心而止于口，对你需要感谢的人，一定要把感恩之意说出来，把感恩之情表达出来。美国曾经有这样一则传说，一个村子里，一家人围坐在餐桌前吃饭，母亲端上来的却是一盆稻草。全家都很奇怪，不知道这究竟是怎么一回事，母亲说："我给你们做了一辈子的饭，你们从来没有说过一句感谢的话，称赞一下饭菜好吃，这和吃稻草有什么区别！"连世上最不求回报的母亲都渴望听到哪怕一点感谢的回声，那么我们对待别人给予的帮助和恩情，就更需要把感恩的话说出来。那不仅是为了表示感谢，更是一种内心的交流，在这样的交流中，我们会感到世界因这样的息息相通而变得格外美好。

我在报上看到这样一则消息：湖南两姊妹在小时候一次落水，被一个好心人救起，那人没有留下姓名就走了。两姊妹和她们的父母觉得，生命是人家救的，却连一声感谢的话都没有对人家说，发誓一定要找到这个恩人。他们整整找了20年，两姊妹的父亲去世了，她们和母亲接着千方百计地寻找，终于找到了这位恩人，为的就是感恩。两姊妹跪拜在地上向恩人感恩的时候，她们两人和那位恩人以及过路的人们禁不住落下了眼泪。这事让我很难忘怀，两姊妹漫长20年的行动告诉我，到什么时候都不要忘记对有恩于你的人表示感恩。而感恩的那一瞬间，世界变得是多么的温馨美好。

我永远也不会忘记几年前的一件事情。那天，我在崇文门地铁站等候地铁，一个也就四五岁的小男孩，从站台的另一边跑了过来。因为是冬天，羽绒服把小男孩撑得圆嘟嘟的，像个小皮球滚动过来。他问我到雍和宫坐地铁哪站近，我告诉他就在他的那边。他高兴地又跑了回去，我看见那边他的妈妈在等着他。等了半天，地铁也没有来，我走了，准备上去找个"的"，我已经快走到楼梯最上面的出口处了，听到小男孩在后面"叔叔，叔叔"地叫我。我不知道他要干什么，便站在那里等他，看着他一脑门子热汗珠儿地跑到我的面前，我问他有事吗，他气喘吁吁地说："我刚才忘了跟您说声谢谢了。妈妈问我说谢谢了吗，我说忘了，妈妈让我追你。"我永远不会忘记那个孩子和那位母亲，他们让我永远不要忘记学会感恩，对世界上不管什么人给予自己的哪怕是再微不足道的帮助和关怀，也不要忘记了感恩。

写作提示
锻炼自己发现的眼睛

锻炼自己发现的眼睛——细节的捕捉

写文章,需要必备的材料,这就像盖房子之前得有砖瓦等基本材料,然后才谈得上房子的大小、式样、风格,乃至最后的完成。这些材料,一般来自两个方面,一个是书本,一个是生活。书本的材料,可以供我们借鉴并引用,从而为我们的文章服务,成为我们文章的组成部分。生活的材料,可以是听别人说来的,也可以是自己亲身经历或亲眼看到的。前者是理性多于感性,后者是感性多于理性。两者可以交错进行,相互映衬,彼此作用。

这里,只说生活的材料,即我们老师常说的素材如何从生活中获取。

生活中蕴藏着丰富的写作素材,但对比这样的素材而言,更重要的是生活中生动细致的那些细节。这是我们在选择素材的时候尤其要注意的,素材可能是一堆,而细节则只会是很小的一点或几点而已。但细节却是文章生命的细胞,缺少了细节的文章,很难写得动人。缺少细节,在文章里堆积的就只是一些素材,这恰恰是同学们写作时常常会碰到的问题之一。

很多同学认为,我们的生活太普通、太庸常,又太琐碎、太平淡,能够写作成文的素材本就少,更到哪里找那么多那么好的细节?便常常一到写作时觉得没什么可写的,或勉强写出来却不生动。

其实,就像以前有位外国艺术家所说的那句名言:美不是缺乏存在,缺乏的是我们发现它们的眼睛。好的可以入文的细节,就是这样存在于平淡无奇的生活中,关键在于我们的眼睛是否有意识又能够敏感地发现它们。诺贝尔文学

奖的获得者——加拿大的女作家爱丽丝·门罗，她的写作只是局限于她所生活的那个小镇的普通人的日常生活，却让她获得如此的成功，原因便在于她对于小镇日常琐事平庸生活发现的能力。她有一双敏感而善感的眼睛，让她洞若观火，在幽微之处发现动人之处。那些看似信笔拈来的细节，正是得益于她的这种本事。

第12堂课

文章如何升华

12

Lesson 12

鱼鳞瓦

老北京的房顶铺的都是鱼鳞瓦,灰色,和故宫里的碧瓦琉璃,形成色彩鲜明的对比。虽不如碧瓦琉璃那般炫目,那般高高在上,但满城沉沉的灰色,低矮着,沉默着,无语沧桑,力量沉稳,秤砣一般压住了北京城,气魄如云雾天里翻涌的海浪一样。难怪贝聿铭先生那时来北京,特别愿意到景山顶上看北京城这些灰色的鱼鳞瓦顶。

在我的童年,即20世纪50年代,北京的天际线很低,基本上被这些起伏的鱼鳞瓦顶所勾勒。因为那时候成片成片的四合院还在,而且占据了城市的空间。想贝聿铭先生看见这样的情景,一定会觉得这才是老北京,是世界上任何一座城市都没有的色彩和力量吧?

想想,真的很有意思,那时候,四合院平房没有如今楼房的阳台或露台,鱼鳞状的灰瓦顶,就是各家的阳台和露台,晒的萝卜干、茄子干或白薯干,都会扔在那上面;五月端午节,艾蒿和蒲剑要插在门上,也要扔到房顶,图个吉利;谁家刚生小孩子,老人讲究要用葱打小孩子的屁股,取葱的谐音,说是打打聪明，打完之后，还要把葱扔到房顶，这到底是什么讲究，我就弄不明白了。

对于我们许多孩子而言，鱼鳞瓦的房顶，就是我们的乐园。老北京有句俗话，叫作"三天不打，上房揭瓦"，说的就是那时我们这样的小孩子，淘得要命，动不动就爬到房顶上揭瓦玩，这是那时司空见惯的儿童游戏。我相信，老北京的小孩子，没有一个没干过上房揭瓦这样调皮的事。

那时，我刚上小学，开始跟着大哥哥大姐姐们一起上房揭瓦。我们住的四

合院的东跨院，有一个公共厕所，厕所的后山墙不高，我们就从那里爬上房顶，弓着腰，猫似的在房顶上四处乱窜，故意踩得瓦噼啪直响，常常会有邻居大妈大婶从屋里跑出来，指着房顶大骂："哪个小兔崽子，把房踩漏了，留神我拿鞋底子抽你！"她们骂我们的时候，我们早都踩着鱼鳞瓦跑远，跳到另一座房顶上了。

　　鱼鳞瓦，真的很结实，任我们成天踩在上面那么疯跑，就是一点儿也不坏。单个儿看，每片瓦都不厚，一踩会裂，甚至碎，但一片片的瓦铺在一起，铺成了一面坡房顶，就那么结实。它们是一片瓦压在一片瓦的上面，中间并没有泥粘连，像一只小手和另一只小手握在了一起，可以有那么大的力量，也真是怪事，常让那时的我好奇而百思不解。漫长的日子过去之后，大院里有的老房漏雨，房顶的鱼鳞瓦换成波浪状的石棉瓦或油毡和沥青抹的一整块坡顶，说实在的，都赶不上鱼鳞瓦，不仅质量不如，一下大雨接着漏，也不如鱼鳞瓦好看。少了鱼鳞瓦的房顶，就如同人的头顶斑秃一般，即使戴上颜色鲜艳的新式帽子，也不是那么回事了。

　　前些天，路过童年住过的那条老街，正赶上那里拆迁，从房顶上卸下来的鱼鳞瓦装满了一汽车的挎斗，一层层，整整齐齐地码在车上，也呈鱼鳞状。那可都是前清时候就有的鱼鳞瓦呀，经历了一百多年的雨雪风霜，还是那样结实，那样好看。又有谁知道，在那些鱼鳞瓦上，曾经上演过那么多童年的游戏呢！

城市的雪

如今,地球普遍变暖变旱,冬天里的雪已经越来越稀罕。特别是在城里,难得飘落下来一场雪,如同难得见到一位真正清纯可人的美人一样了。

城市的雪,从入冬以来就一直在期盼中。仿佛要和春天里的沙尘暴有意做着强烈的对比,沙尘暴不请自到,而且次数频繁地光临,并不受城市的欢迎,但是,受欢迎的雪却在冬天里总是姗姗来迟,像是一位难产的高龄孕妇。以往的日子里,最耐不住性子的是渴望下雪天能够堆雪人打雪仗的孩子;如今,最焦灼不堪的是城边的滑雪场,总也等不来雪,只好先急不可耐地鼓动起人工造雪机,将人造的雪花纷纷扬扬地吹了出来,那只不过是冬天的赝品。

城市的雪,终于在期盼中飘洒下来,不用多久,便不再受欢迎,仿佛约会前的憧憬在见面的瞬间便顷刻扫兴地坍塌。雪落在树木上,再不会有玉树琼枝;雪落在房檐上,再不会有晶莹的曲线;雪落在院子里,再不会有茸茸的地毯和小狗跑在上面踩出的花瓣一样的脚印;雪落在马路上,很快被撒满盐的融雪剂覆盖,立刻化成了黑乎乎一摊摊泥泞的雪水。

也很难见到雪人,即使偶尔见到了雪人,也是脏兮兮的。城市污染的空气、汽车的尾气、制热空调机喷出的废气,一起尽情地把雪人的脸和全身涂抹得尘垢遍体,再没有原先那种洁白可爱,如同衣衫褴褛的弃儿。前两天北京下了一场雪,我在街头见到一个雪人,上午刚刚见到时,它还高高大大,插着胡萝卜的鼻子和橘子的眼睛,格外鲜艳夺目,没到中午,它已经脏成一团,附近餐馆倒出的污水,无情地将它浇头灌顶,把它当成了污水桶。而我在天坛公园转了一圈,只看到一个雪人,小得如同一个布娃娃。公园并不能够为它遮挡污染,它一样脏兮兮的,只有头顶上盖着一个肯德基盛炸鸡块的小盒子,权且当一顶帽子,闪烁着带有油渍渍的色彩,像是故意给雪做的一个黑色幽默。

　　城市的雪,再不是大自然送来的冬天的礼物,而成为了并不受欢迎的客人,

成为了城市污浊的乞儿,成为了pH试纸一样测试城市污染的显形器。

其实,雪是无辜的,雪到了城市,没有得到娇惯和恩宠,相反被城市带坏了。雪的本色应该是洁白晶莹可爱的,却这样一次次地受到了伤害。我想起俄罗斯的作家普里什文曾经写过的《星星般的初雪》,他说:"雪花仿佛是从星星上飘下来的,它们落在地上,也像星星一般烁亮。"他又说:"今天来到莫斯科,一眼发现马路上也有星星一般的初雪,而且那样轻,麻雀落在上面,一会儿又飞起的时候,它的翅膀上便飘下一大堆星星来。"

只是,如今的城市,无论莫斯科还是北京,再不会有这样星星般的雪花了,再也不会有雪中飞起的麻雀翅膀上飘下一大堆星星的景象了。

在北大荒,我倒是见过一种叫雪雀的鸟,特别爱在冬天下雪的日子里出来,飞起飞落,格外活跃。它们和麻雀一样大小,浑身上下的羽毛和雪花一样的白,大概是长年洁白的雪帮助它们的一种变异,环境的力量有时强大得超乎想象。心里暗想,今天这种雪雀要是飞进城市,也得随雪花一起再变异回去,羽毛重新变成褐色,甚至乌鸦一样的黑色。

雪花的洁白,只能在梦里、童话里,和普里什文文字带给我们的想象里。

阳光的感觉

当初腰伤之后,我可以说是整天追着阳光转。因为大夫嘱咐我要多晒阳光,每天晒一小时阳光,等于喝一袋牛奶,对于补钙极有益处,有助于腰伤的恢复。

我住医院的时候,病房的窗户朝南,能够下地了,我每天都要站在窗前,好像阳光早早就等在那里,和我有个约会,不见不散。出院了,我家的窗户几乎都没有朝阳的,我便每天早晨到小区里的小花园,朝东的高楼遮挡住了天空,要耐心地等到九点钟以后,太阳才能够越出楼顶。我突然发现,平日里司空见惯的阳光,原来是那么的珍贵,不是你想什么时候要它,它就能够如婢女一样随叫随到。城市的高楼无情地切割了天空,阳光不再如在田野里一样,可以无遮无拦,尽情挥洒。

冬天暖气还没有来的时候,阳光就更加珍贵无比。那时候,我像一只投火的飞蛾,在小区里寻找着阳光飘落的地方。阳光如同顽皮的小孩子,东躲西藏,在楼群之间、在树枝之间,一闪一闪地稍纵即逝。在时钟的拨弄下,阳光就像瞬息万变的万花筒,跳跃着,和我捉迷藏,让我想起小时候玩过的

第12堂课　文章如何升华

一种游戏，小伙伴拿着一面镜子对着阳光照出的反光打在地上，我用脚去踩这个光斑，他便把镜子迅速地移动，比赛谁的速度更快。

终于，暖气来了，温度解决了寒冷，却代替不了阳光。坐在房间里，和坐在阳光下的感觉完全不同，腰就是最敏感的显示器。现代化机器制造的温暖，如同格式化的打印文件，缺少了手写的流畅和亲切，就像尼龙布料和棉布的区别。我才体味到阳光含有大自然的气息，泥土和花草树木的呼吸和体温，都吸收进阳光里面，还有来自云层的清新与湿润，都不仅是一个温度计所能够显示得了的。同暖气制造的温暖相比，阳光更像是母亲的拥抱、情人的抚摩、朋友的呵气如兰。在暖气和在阳光下，都会出汗，在暖气下的汗里面含有工业的元素，而在阳光下的汗里有着大自然和亲情的因子。

我也就明白了，为什么国外有那么多人热衷于到海边晒太阳、到街头的咖啡馆前的露天座椅上晒太阳；为什么北京的老头老太太特别愿意在胡同口挤在墙角晒太阳。阳光和水一样是世界上最为平等民主的东西，它一视同仁，无论贫富贵贱，慷慨给予一切人以照耀和抚摩。记得我国过去有一则这样的寓言，地主在屋子里烤火冻得揣着手直跺脚，长工在屋外的阳光下干活却热得脱光了衣服还不住地出汗。阳光给予人们的温暖，是发乎天、止于心的温暖。

我想起日本的一则童话,讲的是林子深处住着一个四岁叫夏子的可爱的小姑娘,她有个奶奶,腿脚不好,天天待在家里出不了屋。冬天到了,屋里很冷,小姑娘跑到林子里,用围裙兜了一兜阳光跑回来给奶奶,跑得急了,刚进家门,摔了一跤,阳光洒了一地,没法给奶奶了,小姑娘哭了,对奶奶说:阳光都没了,没法给您了。奶奶对她说:阳光都跳在你的眼睛里了呀。

　　这则童话,是我二十多年前读过的,却记忆犹新,就在于奶奶说的话让我感动。老奶奶说得多么好啊,阳光不仅是可以看见,可以储存,可以兜住,也是有情感有生命的,可以传递在你我之间。

写作提示
让文章的情感迸发出来

做汤最后放的那一点儿盐——文章的升华

有些文章，读起来或写起来，都觉得里面所写的人或事还不错，就是觉得少点儿味道，就像汤里放的菜品和佐料一应俱全，唯独少了最后需要加的那一点儿盐。好汤，是需要最后放的那一点儿盐来调剂味道的。好的文章，不仅需要内容扎实、语言生动，也需要一点儿可以回味的韵味。所谓文章要出新，其新意往往容易在这最后的一点味道中体现出来。

那么，文章里需要最后放的那一点儿盐，到底是什么呢？又该从哪里去找呢？

文章《阳光的感觉》写的是阳光。写阳光的温暖、珍贵、民主、平等，一视同仁；写阳光与暖气的比较，在暖气和在阳光下，都会出汗，在暖气下的汗里面含有工业的元素，而在阳光下的汗里有着大自然和亲情的因子；最后写对阳光可以储存的发现。文章就是从这样不同的侧面书写对阳光的感觉。

如果文章就到这里收尾，可以不可以呢？当然可以，我们不少同学的作文都是愿意在这里适可而止的。适可而止可以，却并未恰到好处。写到这里的时候，我总觉得收不了尾，还缺点儿什么。什么呢？就是做汤的时候最后放的那一点儿盐。

我想起来曾经读过的一则日本的童话。那还是我的孩子在上幼儿园的时候，我和他一起从儿童画报上读到的。故事很简单，就是我的文章最后提到的，林子深处住着一个四岁的叫夏子的可爱的小姑娘，她有个奶奶，腿脚不好，天天待在家里出不了屋。冬天到了，小姑娘跑到林子里，用围裙兜了一兜阳光跑回来给奶奶，跑得急了，刚进家门，摔了一跤，阳光洒了一地，没法给奶奶了。小姑娘哭了，对奶奶说："阳光没了，

没法给您了。"奶奶对她说:"阳光都跳在你的眼睛里了呀。"这则童话帮助了我,奶奶眼睛里的阳光,和我写到的阳光可以呼应起来,阳光不仅是可以看见,可以储存,可以如那个叫夏子的小姑娘一样用围裙兜住,阳光还和人一样,充满情感和生命,可以传递在你我之间。

那天,想起这则童话的时候,心里充满温暖,觉得是那样的美好动人。很显然,有了这则童话的介入,让文章最后有了跌宕,掀起新的波纹,有了可以稍微咀嚼的意味。

其实,这里说的味道,也就是老师在语文课上常讲的主题的升华。

我在这里想告诉同学们的是,完全可以借用他人写过的东西,来帮助我们完成主题的升华。这样的方法,可以让文章最后的升华变得更生动一些,更富于形象一些,也就是我说的更有味道一些。

只是,需要注意的是,做的汤最后放的一定是盐,才能够将汤自身的味道提鲜一样提出来,而不能放味精或鸡精,那只是化学制品,是人为添加在汤里面的味道。我们常常写的升华,特别愿意用干巴巴的词汇或名人名言作为文章的主题升华,这是硬贴上去的,就像往汤里添加的是味精和鸡精一样,不是汤自身激发出来的味道。